일본의 죄, 어디까지 아니?

## 일본의 죄, 어디까지 아니?

초판 1쇄 2024년 4월 12일
초판 2쇄 2025년 5월 20일

글쓴이 | 박찬아
그린이 | 김언경

펴낸이 | 조영진
펴낸곳 | 고래가숨쉬는도서관
출판등록 | 제2024-000082호
주소 | 서울시 서대문구 연희로41다길 13 바우하우스 2층
전화 | 02-6081-9680 팩스 | 0505-115-2680
블로그 | https://blog.naver.com/goraebook
편집 | 이규수, 김주영

글 ⓒ 박찬아 2024 | 그림 ⓒ 김언경 2024

* 값은 뒤표지에 적혀 있습니다.
* 잘못 만든 책은 구입하신 서점에서 바꾸어 드립니다.
* 책의 내용과 그림은 저자나 출판사의 서면 동의 없이 마음대로 쓸 수 없습니다.

ISBN 979-11-92817-37-8 74910
　　　978-89-97165-49-0 74080(세트)

품명 : 도서 | 전화번호 : 02-6081-9680 | 제조년월 : 2025년 5월
제조국명 : 대한민국 | 제조자명 : 고래가숨쉬는도서관
주소 : 서울시 서대문구 연희로41다길 13 바우하우스 2층 | 사용 연령 : 10세 이상
*KC마크는 이 제품이 공통안전기준에 적합하였음을 의미합니다.

# 일본의 죄, 어디까지 아니?

글쓴이 **박찬아** | 그린이 **김언경**

## 차례

이 책을 읽을 어린이들에게　10

독립운동가의 후손을 만나다　14

1. 이웃 나라를 침략하여 이익을 얻기로 공모한 죄　22

2. 운요호 사건을 조작한 죄　23

3. 강화도 조약을 강제한 죄　24

4. 이웃 나라를 멸시한 죄　26

5. 조선의 궁궐에 침입한 죄　27

6. 우리 땅에서 청나라와 전쟁을 일으킨 죄　29

7. 조일 동맹을 강제로 맺게 한 죄　29

8. 동학 농민군을 학살한 죄　30

9. 대한제국의 왕비를 살해한 죄　32

10. 철도부설권을 빼앗고 백성들을 괴롭힌 죄　34

11. 서양식 전함 '양무호'를 사기로 판매한 죄　35

12. 러일 전쟁을 일으켜 한반도를 전쟁터로 만든 죄　36

13. 일진회를 만들어 여론을 조작한 죄　37

14. 독도를 침탈*한 죄　38

15. 가쓰라 태프트 밀약으로 대한제국 침탈을 계획한 죄　39

16. 포츠머스 회담으로 대한제국의 권리를 빼앗은 죄　41

17. 아시아인들의 희망을 저버리고 침략 전쟁을 일으킨 죄　42

18. 국권을 강탈*한 죄　42

19. 문화재를 약탈*하고 몰래 반출한 죄　44

20. 화폐정리사업으로 우리 경제를 지배한 죄　46

21. 의병 최익현을 죽게 한 죄　46

22. 도쿄권업박람회에서 한국인을 전시한 죄　48

23. 헤이그 만국평화회의 참석을 방해한 죄　49

24. 고종을 강제로 폐위시킨 죄　50

25. 대한제국의 왕자와 공주를 강제로 일본으로 끌고 간 죄　51

26. 정미 7조약으로 대한제국을 지배하려 한 죄　52

27. 대한제국의 군대를 강제로 해산하게 한 죄　53

28. 국채보상운동을 탄압한 죄　54

29. 사립 학교를 탄압한 죄　56

30. 의병 대장 허위를 사형시킨 죄　57

31. 창경궁을 동물원으로 바꾼 죄　58

32. 대한제국의 사법권을 강탈한 죄　59

33. 제멋대로 간도협약을 맺은 죄　60

34. 남한폭도대토벌작전이라는 이름으로 의병들을 공격한 죄　60

35. 안중근 의사*를 처형한 죄　61

36. 강제 병합으로 조선을 식민지로 삼은 죄　62

37. 총독부를 설치해 무단으로 통치한 죄　64

38. 재판도 없이 한국인에게 형벌을 가한 죄　65

39. 경희궁 터를 훼손한 죄　65

40. 회사령. 어업령 등으로 조선의 경제 기반을 무너뜨린 죄　66

41. 105인 사건을 조작한 죄　67

42. 식민 지배에 적합한 교육을 위해 교육령을 공포한 죄　69

43. 독립운동가들을 고문하고 투옥한 죄　69

44. 조선의 토지를 수탈*한 죄　70

45. 일본의 행사에 축하와 추모를 강요한 죄　71

46. 환구단을 철거하고 호텔을 지은 죄　72

47. 물산 공진회를 경복궁에서 개최하여 조선 왕실의 권위를 훼손한 죄　73

48. 경복궁을 훼손하고 그 구조물을 팔아넘긴 죄　74

49. 광업령으로 대한제국의 광물 자원을 강탈한 죄　75

50. 광화문을 허물고 그 자리에 조선 총독부 청사를 지은 죄　75

51. 삼일만세운동을 폭력으로 진압한 죄　76

52. 제암리교회를 불태우고 무고한 백성을 학살한 죄　78

53. 유관순 열사*를 고문으로 죽인 죄　79

54. 연통제 관련자들을 투옥한 죄　80

55. 간도에서 조선인을 학살하고 마을을 폐허로 만든 죄　82

56. 강우규 의사를 사형시킨 죄　83

57. 사직단을 훼손하고 공원으로 만든 죄　84

58. 관동대지진 때 조선인을 학살한 죄　85

59. 과도한 소작료로 조선의 농민을 수탈한 죄　86

60. 산미증식계획으로 조선인을 굶주리게 한 죄　86

61. 조선사편수회를 만들어 우리 역사를 왜곡, 조작한 죄　88

62. 육십만세운동을 탄압한 죄　89

63. 광주학생운동을 탄압한 죄　89

64. 만보산사건을 조작하여 조선인과 중국인을 이간질한 죄　91

65. 이봉창, 윤봉길 의사를 사형시킨 죄　93

66. 민족말살정책을 수립한 죄　95

67. 신사 참배를 강요한 죄　95

68. 손기정의 가슴에 일장기를 달게 한 죄　96

69. 생체 실험이라는 반인륜적 행위를 한 죄　97

70. 일본의 왕에게 충성을 강요한 죄　99

71. 고문으로 전향을 강요한 죄　100

72. 학교에서 조선어 교육을 폐지시킨 죄　101

73. 조선어학회를 강제로 해산시킨 죄　102

74. 창씨 개명을 강제한 죄　103

75. 소록도에서 생체 실험으로 한센병 환자를 죽인 죄　104

76. 간도특설대를 만들어 독립군을 탄압한 죄　105

77. 전쟁 헌금을 강요한 죄　106

78. 조선을 침략 전쟁의 한가운데로 내몬 죄　107

79. 조선의 청년들을 강제로 끌고 간 죄　108

80. 강제로 쌀을 걷어 백성들을 굶주리게 한 죄　110

81. 신문을 강제로 폐간시킨 죄　111

82. 윤세주 열사를 죽게 한 죄　112

83. 금속회수령으로 온갖 쇠붙이들을 빼앗아 간 죄　113

84. 조선 청년을 강제로 전쟁에 내보내 죽음으로 내몬 죄　114

85. 비밀 명령으로 역사 기념물을 파괴한 죄　115

86. 조선 여성을 납치 및 유인하여 일본군 '위안부'로 동원한 죄　115

87. 시인 이육사를 옥사하게 한 죄　117

88. 징용선 피격 사건으로 조선인을 죽게 한 죄　118

89. 윤동주 시인을 죽게 한 죄　119

90. 첼퐁 섬에서 조선인을 학살한 죄　121

91. 파푸아뉴기니에서 징용당한 조선인을 죽게 한 죄　122

92. 하이난 섬에서 조선인을 학대하고 사망하게 한 죄　123

93. 조선인 원자 폭탄 피해자들을 무시한 죄  123

94. 한반도 분단의 원인을 제공한 죄  125

95. 해방 후 일본에 남은 조선인을 차별한 죄  126

96. 야스쿠니 신사에 전범을 합사하고 참배한 죄  126

97. 소녀상 건립을 방해한 죄  128

98. 교과서를 왜곡하여 어린이들에게 잘못된 역사를 가르친 죄  129

99. 한국인을 혐오하는 시위를 방치한 죄  130

100. 진실한 반성과 사과를 하지 않은 죄  132

독립지사* 박원혁(1893년~1943년)  136

참고 문헌  137

* 비슷하고 어려운 단어들

침탈하다 : 침범하여 빼앗다.
강탈하다 : 남의 물건이나 권리를 강제로 빼앗다.
약탈하다 : 폭력을 써서 남의 것을 억지로 빼앗다.
수탈하다 : 강제로 빼앗다.

의사 : 의로운 지사.
열사 : 나라를 위하여 절의를 굳게 지키며 충성을 다하여 싸운 사람.
지사 : 나라와 민족을 위하여 제 몸을 바쳐 일하려는 뜻을 가진 사람.

## 이 책을 읽을 어린이들에게

저는 얼굴을 본 적 없는 할아버지가 계십니다. 저의 할아버지는 독립운동을 하다 감옥에 갇히셨고, 그곳에서 병을 얻어 해방을 앞두고 세상을 떠나셨습니다.

저는 독립운동가의 후손으로서 한국과 일본의 어린이들에게 일본이 우리에게 어떤 죄를 지었는지 하나하나 이야기해 주고 싶다는 생각을 늘 해 왔습니다. 가장 가까운 이웃인 일본과 풀어야 할 문제들을 풀어내고 화해를 통해 평화로운 내일을 맞고 싶기 때문입니다. 이것이 역사학자가 아닌 제가 책을 쓰게 된 까닭입니다.

한국과 일본 사이에 쌓인 문제들은 왜 풀리지 않는 걸까요? 일본의 진정한 사과와 양국의 화해가 제대로 이루어지지 않는 원인은 오늘날의 일본, 즉 일본의 과거가 아닌 일본의 현재에 있습니다. 일본 사람들은 과거 자신들의 나라가 저지른 죄악에 대해 교육받지 못했습니다. 일제의 잔혹한 식민 통치로 인해 희생된 사람들과 그 고통을 제대로 알지 못합니다. 그뿐 아니라 자신들이 미국의 원자 폭탄 공격을 받은 제2차 세계 대전의 피해자라고 인식하고 있습니다.

그동안 일본 정치인들의 사과는 몇 차례 있었습니다. 특히 1995년에 있었던 무라야마 총리의 사과는 그동안의 일본 정치인들이 한 애매한 사과와는 다르게 진솔한 내용이 담겨 있었습니다. 하지만 그 후에도 일본 사람들은 자신들의 잘못을 후세에 교육하지 않았습니다. 그뿐만 아니라 교묘한 방법으로 역사적 사실을 왜곡하거나 거짓으로 둘러대기도 했습니다. 세계 대전을 일으킨 독일이 피해를 입은 이웃 나라와 유대인들에게 진실하게 사과하고, 자신들의 잘못을 기록한 교과서를 통해 후세를 교육해 나가는 모습과는 확연히 다른 모습이었습니다.

  지금도 일본의 총리들은 전쟁 범죄자들의 위패가 있는 야스쿠니 신사를 참배하는가 하면, 세계 곳곳에 세워지고 있는 일본군 '위안부' 피해자를 기리는 소녀상을 철거하라고 우리에게 요구하고 있습니다. 그렇기 때문에 우리나라가 해방된 지 80년이 다 되어 가는 지금도 양국의 사이는 가깝고도 먼 나라에서 한 발짝도 다가가지 못하고 있는 것입니다.

  저는 예전에 일본의 도쿄를 방문한 적이 있었습니다. 거기서 매우 충격적인 경험을 하고 말았습니다. 일본의 번화가에서 "한국인은 한국으로 돌아가라!", "한국인을 일본에서 추방하라!"라고 외치는 시위대를 목격한 것이었습니다. 그 사람들은 그 자리에서 일 년 내내 같은 주장을 하며 시위를 하고 있다고 합니다. 그런데 진정 놀라운 점은 이웃 나라를 향한 혐오 시위를 말리기는커녕 동조하거나 묵인하는 사람들이 많았다는 것이었습니다. 모두가 과거의 일을 올바르게 알고 있지 못하기에 벌어지는 일이라 생각됩니다.

안타까운 일은 일본에서만 벌어지는 건 아닙니다. 일본으로부터 지원을 받아서 교수가 되고 학자가 된 한국 사람들이 있습니다. 이 사람들은 일본의 식민 지배 책임을 우리의 잘못이라 주장하고, 그것도 모자라 식민 지배가 축복이었다고 하면서 일본이 강제로 한국인을 사지로 끌고 가 죽음에 이르게 한 일마저 부정하고 있습니다. 이런 친일파들이 아직도 살아 숨 쉬고 그들과 같은 시대를 함께 살아간다는 현실이 씁쓸할 뿐 아니라 독립을 위해 희생하신 분들께 죄송한 마음을 감출 수가 없습니다.

화해를 제안하려면 반드시 자신이 한 일을 먼저 인정하고 반성해야 합니다. 그리고 피해를 입은 사람에게 진심 어린 사과를 해야 합니다. 그 상처에 함께 가슴 아파해야 비로소 용서를 받을 수 있는 것입니다. 다시는 반복하지 않겠다는 다짐은 물론입니다.

한국과 일본 사이에 있었던 불행한 과거는 이러한 진실한 반성과 사과를 통해 극복될 수 있습니다. 그러기 위해서는 두 나라 사람들 모두 불행한 과거가 무엇인지 명확히 알아야 합니다.

　어쩌면 이 책은 우리 어린이들보다 일본의 어린이들에게 들려주고 싶은 이야기일 수도 있겠습니다. 언젠가는 우리 어린이들과 일본의 어린이들이 한 교실에서 이 책을 함께 읽을 날을 기대해 보며, '일본이 사과해야 할 백 가지의 죄'가 무엇인지 함께 살펴보도록 하겠습니다.

　　　　　　　　　　　　　　　　독립운동가 박원혁의 손자 박찬아로부터

### 독립운동가의 후손을 만나다

　가을볕이 따사로운 날이었다. 휠체어에 몸을 실은 할머니는 아파트 한쪽 편 놀이터에서 맑은 하늘을 만끽하고 있었다. 놀이터 한구석에서는 두 아이가 무엇인가 진지하게 이야기하며 목소리를 높여 갔다.
　"저 아이들 싸우는 거 아니니?"
　"글쎄요. 저맘때는 잘 놀다가도 투닥거리기도 하죠!"
　할머니의 걱정에 곁을 지키는 아들은 무심하게 대답했다.
　아이들은 일제 강점기에 대한 토론을 하는 것 같았다.
　"너희들 혹시 싸우고 있는 거니?"
　휠체어의 바퀴를 굴려 아이들 곁으로 다가간 할머니가 아이들에게 조심스레 말을 건넸다.
　"그게 아니고요. 얘가 자꾸 우겨서 그래요."
　"내가 뭘 우긴다고 그래. 우기는 건 오히려 너 같은걸! 흥!"
　뭔가 억울해 보이는 남자아이의 말에 여자아이는 느긋하게 팔짱을 낀 채로 콧방귀를 뀌며 대답했다.
　"멀리서 듣자 하니 일본이니 사과니 하는 말이 들리던데 이 할머니가 좀 끼어들어도 될까?"
　"할머니! 제 말 좀 들어 보세요. 얘는 무조건 일본을 용서하고 사이좋게 지내야 한다는 거예요."

남자아이가 고자질이라도 하듯 할머니에게 푸념을 늘어놓았다.

"내가 언제 무조건이라고 했어? 일본이 사과를 했으니 용서를 해야 한다고 했지."

"일본이 사과를 언제 했는데?"

"일본은 우리에게 여러 차례 사과를 했다고. 그것도 모르고…… 무식하다, 무식해!"

"뭐! 너 지금 나보고 무식하다고 했냐?"

"그래. 일본은 우리에게 여러 차례 사과를 했다니까. 책에 다 나와 있어. 네가 알 턱이 있겠냐마는."

"너만 똑똑한 줄 아나 본데 나도 책 많이 읽었다고. 일본의 사과에는 진심이 담겨 있지 않았어. 그러니까 우리가 인정할 수 있겠냔 말이야."

남자아이의 말엔 자신감이 없어 보였다.

아이들의 이야기를 듣고 할머니가 두 아이를 번갈아 바라보며 물었다.

"무척 어려운 이야기를 하고 있었구나. 너희들 원래 역사에 관심이 많았던 게냐?"

"그렇지는 않아요. 학교에서 일본의 식민지 지배에 대한 토론 수업을 하는 바람에……."

남자아이가 수줍게 대답했다.

"그러니까 너희들은 각각 다른 입장을 가지고 토론을 하나 보구나."

"네 맞아요. 저는 이제 사과를 받아들이고 한국과 일본이 사이좋게 지내야 한다는 편이고 쟤는 진실한 사과가 있기 전까지 용서를 하면 안 된다는 편이에요."

자기주장에 자신이 있던 여자아이가 또박또박 힘을 줘서 대답했다.

"꽤 어려운 토론을 하는구나. 토론을 하면서 무엇을 배웠는지 궁금하구나."

"전 일본이 우리에게 제대로 사과를 하지 않았고, 그런 일본과 화해를 하는 건 안 될 일이라고 생각해요."

"저도 처음엔 얘랑 생각이 똑같았어요. 그런데 공부를 해 보니 일본이 우리에게 여러 차례 사과를 했더라고요. 그러니까 계속해서 사과를 요구하는 건 좀 억지 같다는 생각이에요."

"할머니! 할머니는 누구 말이 옳다고 생각하세요?"

"저도 할머니 생각이 궁금해요. 할머니는 그 시대에 대해 잘 아실 거 아니에요?"

두 아이가 모두 자기편을 들어주길 바라며 할머니에게 물었다.

"글쎄다. 나는 일제 강점기에 태어나서 그 시절을 경험했고, 나의 아버지께선 독립운동을 하시다가 감옥에 다녀오

시기도 했지."

"와! 할머니 아버지께서 독립운동을 하셨구나."

"할머니! 그러니까 지금 당장 일본을 용서하자는 건 무조건 안 될 말 아닌가요?"

"왜 그렇게 생각하지?"

"그야 뭐 우릴 지배하고 못살게 굴었으니까요. 근데 사과는커녕 배상도 제대로 하지 않았잖아요."

우물쭈물하는 남자아이의 말을 가로채며 여자아이가 말했다.

"토론을 해 보면 애들은 처음부터 일본이 나쁘다고만 하지 일본이 사과하고 배상한 사실은 알지도 못한다고요."

"모르긴 뭘 몰라? 사과에 진심이 담겨 있지 않은걸."

"진심이 담겼는지 아닌지 어떻게 알아?"

아이들의 목소리에 날이 서자 할머니가 가로막으며 말했다.

"그래, 이 문제는 어른들 사이에서도 의견이 엇갈리고 있단다. 그건 일본 사람들도 마찬가지고. 어쩌면 바로 이 문제가 한국과 일본의 사이를 가로막고 있는 것 같구나."

"저는 할머니 생각이 궁금해요!"

남자아이가 다시 한 번 조르듯 물었다.

"음, 내 생각은 이래. 과거 일본 정치인들이 공식적으로 사과를 한 건 사실이란다. 한국과 일본이 국교를 다시 맺을 땐 어느 정도의 경제적 보상도 했고 말이지. 그런데 왜 우리는 일본이 사과를 했다고 느끼지 못하는 것일까? 내 생각엔 몇 가지 이유가 있다고 생각하는데 그중 첫 번째는 요사이 일본의 지도자들이 과거에 한 사과를 인정하지 않는 태도를 보이기 때문이고, 두 번째는 우리나라 사람들이 일본의 사과가 충분하지 않았다고 생각하기 때문이란다. 일본 정부는 늘 다른 표현을 사용하며 두루뭉술하게 사과하긴 했지만, 자신들이 구체적으로 어떤 피해를 입혔고, 그것에 관해 얼마나 미안한 마음을 가지고 있으며, 어떻게 보상할 것인지에 대해서는 말하지 않았어. 그렇다 보니 피해를 받은 당사자들은 물론이고 일본 국민들조차 이 사과에 별 의미가 없다고 느끼는 것 같구나."

"할머니! 어쨌든 사과는 한 거잖아요?"

이번엔 여자아이가 안타까운 듯 동의를 구했다.

"사과 후에도 식민 지배를 통해 한국이 발전을 이루었다고 되레 큰소리치는 일본인들도 있단다. 그리고 정치인들이 사과를 하면 뭐 하겠어, 정작 국민들은 일본이 뭘 잘못했는지 모르는데 말이다."

"왜 일본 국민들이 모른다고 하시는 거죠?"

"가르치지 않거든. 일본의 교과서에는 침략 전쟁에 관한 내용이 아예 없거나 애매하게만 적혀 있어."

"거봐! 일본의 사과에는 진정성이 없다고. 잘못한 게 뭔지도 모르는데 뭔 사과야."

갑자기 기세가 등등해진 남자아이를 보며 할머니가 말을 이어 나갔다.

"그럼 우리 스스로에게도 한번 물어볼까? 우리는 무엇에 대해 사과를 요구해야 하는 걸까? 혹시 무엇을 사과받아야 하는지 모르는 건 아닐까?"

"음, 그래도 대충은 알고 있을걸요."

머리를 긁적이며 남자아이가 대답했다.

"지금은 일본이 꽤 강한 나라지만 미래에는 우리가 더 강하고 앞서가는 나라가 될 수 있을 거라 생각해. 그날이 오면 일본은 분명 우리와 가까이 지내려고 할 거야. 아마 사과도 더 적극적으로 할 것이고. 그런데 그때가 왔을 때 너희들이 대체 무엇을 사과받아야 할지 모를 수도 있다는 점이 아쉽구나."

"맞아. 일본이 우리의 자유와 목숨을 빼앗아 갔다고만 알고 있고 정확하게는 모르는 것 같아."

"사과를 받는 사람이나 하는 사람이나 자세히 모른다면 용서 또한 하기가 어렵지."

잠시 흐르던 침묵을 깨고 할머니가 말을 이어 갔다.

"얘들아! 저기 아저씨 보이지? 저 아저씨는 내 아들인데 최근에 내가 해 준 이야기를 정리해서 일본이 저지른 죄에 관한 책을 썼단다. 아들에게 들려줬듯이 너희들에게도 그 이야기를 해 주고 싶은데, 어떠니? 이렇게 젊은이들에게 올바른 역사를 알려 주는 것이 내게도 보람된 일이고 나의 아버지께도 좋은 일인 것 같구나."

"그런데 할머니, 아무리 그 시대를 살았다 하더라도 역사적 사실을 다 아는 건 아니잖아요."

여자아이가 조심스레 물었다.

"나는 학교에서 역사를 가르쳤던 선생이었단다. 그래서 공부를 아주 많이 했었지."

"어쩐지 뭔가를 훤히 알고 계시는 것 같았다니까요. 헤헤! 할머니 얘기를 듣고 토론 수업 때 꼭 써먹을래요."

"하여간 애는 토론에서 꼭 이기려고만 한다니까. 저도 좋아요. 더욱이 할머니께서 역사 선생님에다 독립운동가의 후손이기까지 하시다니 더 기대가 돼요."

"그럼 지금 당장 시작하시죠!"

"그래. 지금부터 일본이 우리에게 저지른 죄에 대해 말해 주마. 어림잡아도 한 백 가지는 족히 될 거야."

"백 가지나요?"

여자아이가 놀라자 남자아이는 당연하다는 듯 말했다.

"어디 백 가지뿐이겠어?"

"숫자가 중요한 건 아니지. 어디 한번 시작해 볼까?"

"네! 시작해요. 할머니!"

## 등장인물

**할머니**
독립운동가의 딸이자 은퇴한 역사 교사.
아들의 책을 바탕으로 일본의 죄악상을 아이들에게 설명해 준다.
본인이 경험한 것과 부모님으로부터 전해 들은 이야기를 들려주며 아이들이 스스로 생각할 수 있게 도움을 준다.

**민우**
초등학교 6학년. 학교 토론 수업을 준비하며 일본의 행위에 대한 분노를 느끼게 된다. 일제 강점기에 대한 지식은 부족하지만 정의감과 감성이 풍부한 어린이.

**서현**
초등학교 6학년. 학교 토론 수업을 준비하며 일본과 화해하고 미래로 나아가야 한다는 생각을 하게 된다. 호기심이 많고 논리적이고 이성적인 어린이.

**박 작가**
할머니의 아들. 일본의 죄를 주제로 책을 쓴 작가.

## 1. 이웃 나라를 침략하여 이익을 얻기로 공모한 죄

1592년 임진왜란 이후 일본과 우리는 비교적 평화로운 관계를 유지했단다. 하지만 서양의 근대 문물을 성공적으로 받아들인 일본은 서양이 아시아와 아프리카 국가들을 식민지로 삼고 강해지는 모습을 보고 자기들도 조선을 정복해 강대국이 되겠다는 생각을 하게 되었어. 일본 정치인들이 조선을 정복해야 한다고 주장했던 것을 '정한론'이라고 해. 조선을 식민지로 만들어 식량과 자원을 강탈해서 일본을 부유하게 만들 계획을 세운 거야. 이후 일본은 이런 계획을 차근차근 실행했단다.

 이웃집을 강도질하겠다고 모의를 한 셈이군!

 사실상 일제(제국주의를 표방한 일본을 이르던 말)의 침략은 여기서 시작되었다고 봐도 될 거야.

한마디로 우리 것을 빼앗아 자기네 국력을 키우겠다는 거네요?

 그렇지. 이웃을 침략하고 지배해서 잘 살겠다는 생각은 나로선 받아들이기 어렵구나.

 이 이야기를 듣고 보니 일본은 '정한론'부터 사과를 해야 한다는 생각이 들어요.

 그건 그렇단다. 그래서 일본이 사과해야 할 첫 번째 죄로 '정한론'을 꼽았지.

> **박 작가 한마디**
> 
> 일본의 근대를 이끈 인물들인 '사이고 다카모리', '요시다 쇼인' 등이 '정한론'을 주창한 대표적 인물들인데 이들은 현재까지 일본에서 존경받고 있다. 현재 일본 정치인들 중 상당수가 '요시다 쇼인' 같은 사람들과 직간접적으로 관련이 있는데 어쩌면 일본은 아직도 '정한론'을 포기하고 있지 않은 건 아닐까 하는 생각이 들기도 한다.

## 2. 운요호 사건을 조작한 죄

1875년 5월, 부산 앞바다에 일본 군함들이 나타나 함포를 쏘면서 조선을 위협하고 돌아가는 일이 발생한단다. '운요호'라는 군함은 같은 해 9월 강화도에 다시 나타나 해안을 조사한다면서 허락도 없이 침범하더니 별안간 조선군의 진지를 공격하기까지 했어.

조선군의 반격으로 물러난 이들은 이윽고 근처의 영종도를 공격하여 주민들을 살상하고 조선군 진지를 파괴하는가 하면 대포와 화승총 등을 약탈하는 만행을 저질렀어.

이 일로 조선인 35명이 사망하는 막대한 피해가 발생했어. 하지만 일본은 사과는커녕, 물을 구하러 접근했는데 조선군이 일방적으로 공격했다고 사건의 내용을 조작하여 이후 이 사건을 조선과 불평등 조약을 강제로 맺는 구실로 삼고 말아. 조선 조정은 분노하여 보복을 논의했지만 마땅한 대응 수단이 없었던 터라 다음에 이어질 일본의 일방적 요구를 받아들일 수밖에 없었단다.

 조약을 맺고 싶다면서 왜 폭력을 앞세울까요?

 당시 조선의 조정은 일본과의 교류를 거부하고 있었거든. 그래서 협박을 통해 자기들이 원하는 조약을 체결하려고 한 거야.

 무단으로 침범한 일본 군함을 물리칠 순 없었을까요?

 일본은 이미 서양으로부터 신식 배들을 들여와 해군을 무장시켰기 때문에 당시 구식 배들만 갖고 있었던 조선 수군으로서는 막을 방도가 없었단다.

## 3. 강화도 조약을 강제한 죄

일본은 1876년 1월, 운요호 사건의 손해 배상 문제를 논의하자면서 무장한 군인들을 잔뜩 태운 여섯 척의 군함을 강화도 앞바다로 보냈단다. 위협을 느

낀 조선 조정은 내부의 반대에도 불구하고 일본과 조약을 맺게 되는데, 이것이 조선이 맺은 첫 번째 근대적 국제 조약이자 불평등 조약이었어. 강화도 조약은 12개조로 되어 있는데, 모두 일본에 일방적으로 유리한 조약이었지.

미국이 1854년에 페리 제독을 앞세워 일본에게 개항을 요구하며 조약을 체결했는데, 그 방식을 배운 일본이 우리에게도 같은 방식으로 강화도 조약을 요구한 거야.

> **박 작가 한마디**
>
> 강화도 조약으로 불리는 이 조약의 정식 명칭은 '조일수호조규'라고 한다. 이름만 보면 조선과 일본이 서로를 지켜 주는 조약처럼 보일 수 있지만 실상은 강제 조약이다. 조약의 주요 내용 중 세 가지를 말하면 다음과 같다.
> - 조선은 20개월 이내에 부산과 추가 2곳의 항구를 개항한다.
> - 일본이 조선의 연안 측량을 자유롭게 하고 해도를 작성할 수 있도록 한다.
> - 개항장에서 일본인의 범죄가 발생할 경우 일본인은 일본인의 법률에 의해 처벌된다.

## 4. 이웃 나라를 멸시한 죄

'후쿠자와 유키치'라는 사람이 있었단다. 일본의 최고액권 지폐인 1만 엔짜리에도 등장하는데 일본을 근대화시키는 데 큰 공을 세웠다고 해.

1880년대에 주로 활동했던 후쿠자와 유키치는 당시 제기되던 아시아 국가 간의 연대론을 말도 안 되는 공상이라 무시하고 청일 전쟁을 문명과 야만의 대결이라고 했어. 또한 조선은 청보다도 더 문명을 이루기 어려

운 국가이므로, 일본이 이런 조선을 지도하여 문명으로 나아가게끔 이끌어야 한다고 주장했지. 조선 혼자서는 아무것도 할 수 없다는 거야. 이런 사람을 수많은 일본의 지식인들이 존경하고 따랐다는 것은 일본의 침략 의지를 나타내는 하나의 증거라 할 수 있단다.

**박 작가 한마디**

오래전 황폐했던 일본 역사에 수준 높은 문물을 전해 준 사람들은 대부분 한반도 사람들이었다. 실제로 일본의 왕실은 백제와 큰 관련이 있다고 일왕이 밝힌 적도 있다. 그런데 훗날 조금 빨리 근대화를 이루었다고 이웃 나라를 멸시하다니 올챙이 적 기억이 아쉬운 순간이다. 역사는 순환한다. 강대국이 약소국이 되고 약소국이 강대국이 되는 과정을 우리는 역사를 통해 배울 수 있다.

## 5. 조선의 궁궐에 침입한 죄

1894년, 농민들을 수탈하는 지방 관료들에 대항하여 동학농민운동이 일어났어. 위협을 느낀 조선 조정은 청나라에 도움을 요청한단다. 청나라가 조선에 군대를 보내자 기다렸다는 듯이 일본 역시 조선에 군대를 보냈어.

외세의 침입을 우려한 동학 농민군들이 자진해서 물러나자 일본은 조선 조정에 청나라의 군대를 돌려보내고 청나라와의 모든 조약을 폐기할 것을 요구하지. 하지만 오히려 조선 정부가 일본군의 철수를 거듭 요구하자 같은 해 7월 23일, 경복궁을 포위하고 침입을 시도한단다. 조선 수비병들은 온 힘을 다해 저항했지만 신식 무기를 가진 일본을 상대하기는 어려웠어. 우리 군 30명이 전사하고 이내 경복궁이 점령당하고 말아. 그 후로 일본은 조선의 정치에 더욱 간섭하게 되었고, 조선 땅에서 청나라와 일본은 전쟁 상태에 돌입하게 된단다.

### 박 작가 한마디

당시 경복궁을 무단 침입한 일본군을 이끈 '오오시마 요시마사'는 일본의 최장수 총리 '아베 신조'의 고조할아버지이다. 아베 총리가 재임 시절 일본의 재무장을 시도하고, 한국에 진실한 사과를 하는 데 인색했던 이유를 알 수 있는 단면이기도 하다. 아베 총리는 2차 세계 대전의 A급 전범으로 훗날 일본 수상이 된 '기시 노부스케'의 외손자이기도 하다.

## 6. 우리 땅에서 청나라와 전쟁을 일으킨 죄

경복궁을 무력으로 점령하고 고종을 위협하여 조선의 내각을 친일 인사로 채운 일본은 1894년 7월 25일 풍도 앞바다에 정박하고 있던 청나라 군함을 기습하는데 이것이 청일 전쟁의 시작이야. 이어 일본군은 충청도 성환에서 청나라의 육군을 공격하고 9월에는 평양에 집결한 청군을 공격하여 승리를 거두지.

이로 인해 우리나라의 수많은 집이 파괴되고 많은 사람이 다치거나 죽었어. 이 전쟁에서 승리한 일본은 중국 본토를 공략하기 시작하고 조선 침략을 본격화하게 된단다.

## 7. 조일 동맹을 강제로 맺게 한 죄

1894년 7월, 일제가 청나라와의 전쟁 속으로 조선을 끌어들이기 위해 또다시 강제로 조약을 맺게 하는데 이것이 '조일 동맹 조약'이야. 조선 땅에 들어온 청나라를 몰아내기 위해서 조선과 일본이 군사 동맹을 맺어야 한다는 내용이지. 남의 땅에서 일으킨 전쟁에 대한 정당성을 확보하고 조선에서 마구잡이로 식량과 인력을 동원하기 위한 조약이라고 할 수 있어.

이 조약을 근거로 일본은 조선의 일꾼들을 강제로 모집하여 자신들의 전쟁에 동원했고 수많은 사람들이 전쟁 중에 희생되었단다.

## 8. 동학 농민군을 학살한 죄

   1894년 전주에서 동학 농민군과 조선의 군대가 동학농민전쟁을 마무리하기로 하고 전주 화약을 맺었어. 화약은 화목하게 지내자는 약속이라는 뜻이야. 동학 농민군을 막기 위해 일본과 청나라의 군대가 조선으로 들어온 것을 걱정했기 때문이었지. 하지만 일본이 경복궁을 점령해 버리자 농민군은 일본군을 쫓아내려고 1894년 전봉준과 손병희를 중심으로 다시 한 번 깃발을 들

어 올렸단다.

　한양을 향해 진군하던 농민군은 공주 우금치에서 매복하고 있던 일본군과 조선의 군대와 맞서게 되는데 일본군이 보유한 미국산 개틀링 기관총 앞에 그만 그 뜻을 펼치지 못하고 말아. 이날 죽창과 소수의 화승총만으로 무장했던 2만여 명의 농민군은 대부분 전사했고 살아남은 일부는 향후 의병이 되어 일본에 대한 저항 운동을 계속했단다.

 동학농민운동은 무엇을 위해서 일어난 건가요?

 동학은 모든 사람이 평등하다는 사상이야. 조선은 신분 사회였는데, 조선 후기로 갈수록 지배층의 착취가 심해져 민중들이 살아가기가 힘들어졌어. 이때 '최제우'라는 사람이 동학을 만들었고 여기에 동조하는 농민들이 모여서 평등한 세상을 위해 왕조에 맞서 싸운 게 바로 동학농민운동이란다.

 갑자기 농민들이 들고일어나니까 조정에서 위기감이 들었나 보네요. 하지만 청나라에 도움을 요청한 건 잘못된 선택이었다고 생각해요.

 조정의 양반들은 나라를 지켜야 한다는 생각보다 수백 년간 누려 온 자신들의 권위와 신분제를 지키는 일이 더 급했던 모양인 게지.

 2만 명이나 희생을 당했다니. 믿기지 않아요.

 죽창으로 기관총을 어떻게 당할 수 있겠어.

 위대한 동학농민운동 역사에 가장 가슴 아픈 순간이 아닐 수 없단다.

**박 작가 한마디**

콜레라와 장티푸스 등 '괴질'이라고 불렸던 전염병이 조선을 뒤덮고 있을 때 동학의 2대 교주 해월 최시형은 "용변 후 반드시 손을 씻어라! 먹던 밥을 새 밥과 합치지 마라! 침을 함부로 뱉지 마라! 국을 함께 먹지 마라!" 등의 지침을 내려 동학교도들의 괴질 전염을 막아 내었다고 한다. 전염병의 실체를 이미 파악한 것으로 보이는 그의 통찰력이 놀랍기만 하다.

## 9. 대한제국의 왕비를 살해한 죄

1895년 10월 8일 새벽 5시 30분쯤, 일본 공사 '미우라 고로'가 이끄는 불량배들이 경복궁에 침입하여 왕비를 살해하는 말도 안 되는 일이 벌어져. 을미년에 일어난 사건이라 하여 을미사변이라고 한단다. 왕비가 일본을 견제하기 위해서 러시아와 가깝게 지내려고 하자 일본은 조선에서 자신들의 지배권을 확보하기 위해 왕비를 살해해.

칼과 총으로 무장한 불량배들은 궁궐을 지키고 있던 훈련대 연대장 홍계훈과 길을 가로막은 이경직을 무참히 살해했어. 불량배들은 왕비의 침소에 침입하여 칼로 잔인하게 왕비를 살해하고 그 시신에 석유를 부어 태워 버렸어. 이후 이 사건에 관련된 자들은 일본에서 재판을 받았는데 모두 무죄로 풀려나고 오히려 중요한 직책을 맡게 되었단다.

 어떻게 이런 끔찍한 짓을! 일본 사람들은 이런 사실을 알고 있긴 한 건가요?

 대부분의 사람들은 잘 모르지. 그들이 숨기고 싶어 하는 사실이니까. 하지만 얼마 전에 양심 있는 일본인 몇이 왕비의 묘 앞에서 참회의 절을 올린 일이 있었지. 그래도 그렇게 의식 있는 사람들이 있다니, 희망이 조금 보이더구나.

 돌아가신 왕비가 명성황후인 거죠?

 그래. 왕비가 세상을 떠나고 얼마 후 조선이 대한제국으로 바뀌고 고종이 황제가 되면서 사후에 황후가 되신 거지.

### 박 작가 한마디

일제는 이 같은 만행을 저지르면서 작전의 이름을 붙이는데 어처구니없게도 그 이름이 '여우 사냥'이었다. 경복궁 맨 끝, '건청궁'에 가면 이 만행의 장소가 아직도 남아 있으니 꼭 한번 가 보자.

## 10. 철도부설권을 빼앗고 백성들을 괴롭힌 죄

1897년 대한제국이 선포되고 근대화를 위한 여러 가지 정책들을 시행하고자 하던 중 대한제국 조정은 일본을 배제하고 철도를 건설하고자 미국인 사업가와 손을 잡지. 그런데 집요한 일본의 방해 공작으로 결국 일본이 그 권리를 차지하고 말아.

1903년에 대한제국의 철도부설권을 완전히 차지한 일본은 러일 전쟁을 일으키고 일본군이 사용할 군용 철도를 건설하는데, 이때 수많은 인력을 동원하고 살인적인 중노동을 시켜 많은 사람들이 희생되었다고 해. 그뿐 아니라 철도가 건설되는 주변 지역의 토지와 가옥들을 헐값으로 빼앗아 많은 백성들이 집과 땅을 잃고 떠돌아다녀야 했지. 참고로 우리나라 최초의 철도인 경인선(서울-인천)은 1899년 9월 완공되었단다.

하지만 일본이 아니었더라도 우리가 철도를 만들 수 있었을까요?

좋은 질문이구나. 자금이나 기술력은 부족했지만 우리 힘으로 만들 방안을 찾고 있었단다. 물론, 조금 늦었을지는 모르겠지만 미국이나 러시아의 도움을 받는다면 충분히 가능했을 거야.

일본은 왜 우리 땅에 철도를 놓은 거죠?

철도라는 교통수단을 독점하여 이익을 볼 셈이었어. 러시아와 중국을 공격하고 우리 땅에서 생산되는 자원과 쌀 등을 가져가기 위함이었단다.

## 11. 서양식 전함 '양무호'를 사기로 판매한 죄

대한제국은 1903년에 일본으로부터 배 한 척을 구입했어. 이 배가 대한제국 최초의 서양식 전함 '양무호'였지. 1894년 일본은 영국으로부터 이 배를 25만 엔에 구입했는데, 대한제국에는 수리비를 포함하여 무려 55만 엔을 받고 배를 팔아넘겼다고 해. 9년이나 운항한 배에 두 배가 넘는 돈을 요구했으니 사기로 볼 수 있지.

양무호는 화물선을 급하게 개조한 터라 전함으로서의 가치도 크지 않았고 높은 유지비로 가뜩이나 어려운 대한제국의 살림을 더 어렵게 하였다고 해. 그런데 일본은 러일 전쟁이 발발하자 이 배를 다시 빼앗아 자신들의 전쟁에 동원했다고 하니 사기가 아닐 수 없지.

> **박 작가 한마디**
> 당시 일본 돈 55만 엔은 대한제국 돈 110만 원 정도였는데 정부 1년 예산이 1천만 원 정도였으니까 엄청난 큰돈이었다.

## 12. 러일 전쟁을 일으켜 한반도를 전쟁터로 만든 죄

일본과 러시아 사이에 전쟁의 분위기가 고조되자 대한제국은 중립을 선언해. 그러나 일본은 1904년 2월, 인천과 뤼순에 정박해 있던 러시아 군함을 기습해서 전쟁을 일으켜, 한반도를 전쟁터로 만들고 만 거야. 그 후 대한제국의 수도인 한성을 점령한 일제는 대한제국을 위협하여 '한일의정서'를 체결하는데, 이건 한국의 영토를 군사적으로 마음대로 사용할 수 있다는 내용을 담고 있었어. 이 의정서를 근거로 일본은 한성과 평양 등의 토지를 헐값에 차지하고 전쟁도 계속 이어 갔어. 그리고 그곳에 수많은 조선인 노동자를 동원하여 자신들의 기지를 건설했는데 임금은 하루 밥값에도 미치지 못했다고 해. 이로 인해 조선인이 겪은 피해는 이루 말할 수가 없을 정도였지.

> **박 작가 한마디**
> 지금의 용산가족공원과 그 일대에는 처음엔 청나라군이, 뒤이어 일본군이 주둔했고, 그들이 물러나고 난 뒤 최근까지 미군이 주둔하고 있었다. 한

> 나라의 수도에 백 년이 넘도록 외국 군대가 들어와 있었던 것은 세계적으로 전례 없는 일이다. 현재는 대부분의 미군 시설이 평택으로 이전했고, 용산에는 이제 공원이 들어섰다. 과연 어떻게 변해 갈지 궁금하다.

## 13. 일진회를 만들어 여론을 조작한 죄

"조선 안에 친일 단체를 만들라."는 일본의 지령을 받고 매국노 송병준이 국내의 친일 세력들을 모아서 1904년에 조직한 단체가 바로 '일진회'란다. 일진회는 을사조약 이전에는 '조선은 일본의 보호를 받아야 한다.'라는 성명서를 발표하고, 조약 이후에는 의병 토벌을 주장하는 등 여러 매국 활동에 앞장섰지. 그런 이유로 우리 의병들의 공격 대상이 되어 그중 몇 명은 목숨을 잃기도 했단다.

 우리 조상 중에 저런 사람들이 있었다니 실망스러워. 설마 저런 사람들 지금은 없겠지?

 지금도 일본 편을 들려는 사람들이 있긴 하지.

 너 혹시 나 말하는 거야?

 왜? 찔려?

 정말 이러기야?

농담이야, 농담. 발끈하기는.

 어느 사회나 민족을 배신하고 자신의 이익을 좇는 자들이 존재한단다. 의병들 중에는 일본보다 이런 매국노들을 더 미워하는 사람들도 있었다고 해. 해방 후에라도 그들의 죄를 확실히 물었어야 했는데 그러지 못해 아쉽구나.

## 14. 독도를 침탈한 죄

일본은 러일 전쟁 중이던 1905년 2월 22일 독도를 '다케시마'라는 이름으로 자신들의 영토에 강제 편입해 버려. 이는 대한제국과의 협의 없이 이뤄진 엄연한 불법 행위이기 때문에 당시 대한제국은 이러한 사실을 알자마자 바로 일본 정부에 항의했지만 달라지는 것은 없었어. 일본의 독도 침탈은 1945년 해방 때까지 지속되었단다.

 일본은 지금도 독도가 자기네 땅이라고 우기고 있죠.
 독도가 우리 땅이라는 명백한 근거를 우리 어린이들이 잘 알고 있어야겠다.
 독도가 우리 땅인 대표적인 근거는 무엇인가요?
 우리의 고문서 특히 『세종실록』에는 울릉도와 독도가 정확히 묘사되어 있는가 하면 『동국여지승람』을 비롯한 많은 자료에도 독도가 우리의 영토임이 역사적으로 기록되어 있단다. 17세기엔 안용복이라는 분이 일본까지 건너가 독도가 우리 땅임을 확인받기도 했고, 일본의 고지도와 문서에도 여러 차례 독도는 일본의 영토가 아니라고 나와 있단다.

 대다수의 일본인은 독도가 어디에 있는지도 잘 모른대요.

 그럴 거다. 사실 잘 알지도 못하면서 그저 욕심이 나서 그러는 게지. 이럴수록 근거를 잘 알고 있어야 된단다.

> **박 작가 한마디**
>
> 일본은 왜 독도를 자신들의 영토라고 주장하는 걸까? 왜 일본은 러시아와 중국, 대만과 끊임없이 영토 분쟁을 하고 있을까? 그것은 영토의 문제만이 아니라 경제적인 문제이기도 하다. 영토와 영해를 확보함으로써 얻을 수 있는 경제적 효과가 엄청나기 때문이다.

## 15. 가쓰라 태프트 밀약으로 대한제국 침탈을 계획한 죄

러일 전쟁이 일본의 승리로 기울어 가는 1905년 7월, 일본의 '가쓰라' 대신과 미국 '태프트' 육군 장관이 만나 비밀 협약을 맺어. 미국은 필리핀을, 일본은 대한제국을 식민지로 삼는 것을 상호 허락하는 내용이 담긴 협약이야.

이 밀약으로 미국의 도움을 기대하던 대한제국의 희망은 모두 사라졌고 일본의 한반도 침략도 거칠 것이 없게 되었단다. 이 밀약은 알려지지 않고 있다가 1924년이 되어서야 세상에 알려져서 밀약(남몰래 약속함)으로 불린단다.

 미국이 일본과 밀약을 했었다니 실망이에요.

 지금은 미국이 우리와 가까운 나라이긴 하지만 미국도 자국의 이익을 앞세운 나라였던 거지. 나중에는 일본과 미국이 큰 전쟁을 하게 되는데 국제 사회에는 영원히 우호적인 관계가 없다는 말이 크게 와닿는구나.

 고종 황제는 이 사실을 아셨나요?

 아니, 모르셨지. 고종 황제는 일본의 지배에서 벗어나려고 여러 차례 미국에 도움을 요청하셨지. 물론 그때마다 거절당했지만.

 대체 미국은 왜 그런 걸까요?

미국 대통령이었던 '시어도어 루스벨트'는 대한제국을 희망 없는 가난한 나라로만 본 거야. 대한제국의 운명보단 필리핀을 식민지로 만드는 데 골몰했던 거지.

 그 대통령은 미래를 보는 눈이 없었네요. 백 년 후에 우리가 어떤 모습으로 변했는지 알았다면 과연 그런 밀약을 했을까요?

 와! 서현이 너 대단한데? 이번엔 나도 같은 생각이야!

## 16. 포츠머스 회담으로 대한제국의 권리를 빼앗은 죄

미국과 비밀 조약을 체결하고 영국과 동맹을 맺은 일본은, 러시아와 '포츠머스 조약'을 맺었어. 포츠머스 조약은 1905년 9월, 러일 전쟁을 마무리하기 위해 미국 포츠머스에서 일본과 러시아 간에 체결된 강화 조약이야. 이 조약을 통해 일본은 대한제국에 대한 지배권을 인정받았다고 해. 대한제국의 운명이 다른 나라 사람들에 의해 결정된 셈이지. 이 조약에는 대한제국 외에 만주와 사할린에서의 각종 이권을 일본이 차지한다는 내용도 있었단다.

## 17. 아시아인들의 희망을 저버리고 침략 전쟁을 일으킨 죄

당시 아시아의 개혁가들은 러시아와 전쟁을 벌이는 일본을 응원했단다. 아시아 나라들은 제국주의 서양 국가로부터 여러 착취를 당하며 고통받고 있었거든.

일본이 러시아를 이기자 아시아 나라들은 우리도 할 수 있다는 희망을 갖게 되었단다. 하지만 이러한 희망은 오래가지 못했어. 전쟁에 승리한 일본은 러시아로부터 대한제국의 지배권을 승인받는가 하면, 프랑스와도 협약을 맺었어. 포츠머스 조약처럼 프랑스와 서로 베트남과 대한제국의 강제 지배를 승인한 거야. 그렇게 일본은 아시아인들의 바람을 철저히 무시했단다.

## 18. 국권을 강탈한 죄

일제는 서양 국가들과의 조약을 통해 대한제국에 대한 지배권을 승인받자마자 대한제국의 외교권을 강탈해 가는데 이것을 '을사늑약'이라고 해.

1905년 11월 17일, 일왕의 친서를 가지고 온 '이토 히로부미'는 일본군으로 궁궐을 포위했어. 그리고 조약을 반대하는 고종을 위협하고 대신들을 협박하여 강제로 조약 체결을 선포했지. 막무가내로 협약을 강행한 거야. 이로 인해 대한제국의 독립적 지위는 완전히 사라져 버렸단다.

이때 이 늑약에 찬성한 대신들이 있는데 이들을 을사오적이라 부르지. 알아 둘 만한 이름이니 꼭 기억하기 바란다.

 그런데 전 을사조약이라고 배운 것 같아요.

 '을사조약'이라고도 할 수 있지만 을사년에 강제로 체결된 조약이라는 뜻에서 '을사늑약'이라고 부른단다. '늑약'이 강제로 체결된 조약이라는 뜻이거든.

 '을사오적'은 누구인가요?

 이완용, 이지용, 박제순, 이근택, 권중현이란다.

 그 유명한 이완용이 여기서 나오네요.

 사람들이 가만히 있지 않았을 것 같아요.

 맞아. 이 일로 전국 각지에서 의병들이 또 일어났고 민영환과 같은 애국자들은 스스로 목숨을 끊으면서 항의하기도 했지. 그분이 남긴 유서가 온 국민들의 항일 의지를 불러일으켰단다. 그리고 이완용은 1909년 이재명 의사에게 칼을 맞았으나 목숨을 건졌어.

**박 작가 한마디**

을사늑약이 체결되자 대한제국에 있던 각국 대사관들이 철수를 시작하는데, 일본과 밀약을 체결한 미국의 대사관이 제일 먼저 철수했다. 대한제국이 식민 국가가 되기에 앞서 미국과 러시아, 유럽 국가들의 묵인이 있었음을 유추할 수 있는 대목이다.

이 늑약은 덕수궁에서 이루어졌는데 현재 덕수궁 중명전에 가면 그날의 장면이 그대로 재현되어 있다. 치욕적 역사를 보전하여 후세에 알리는 것도 역사를 잘 극복하였다는 자신감의 표현일 수 있으니 기회가 되면 가서 보기를 바란다.

## 19. 문화재를 약탈하고 몰래 반출한 죄

을사늑약 이후 일본은 본격적으로 대한제국을 착취하기 시작했어. 그 가운데 우리의 소중한 문화재를 약탈하여 일본으로 가져간 것은 알려진 것만 수만 점에 달해.

1906년부터 1910년까지 일제가 대한제국을 감독하기 위해 만든 관청이 통감부야. 이 통감부의 초대 통감이었던 '이토 히로부미'는 재임하는 동안 1천 점 이상의 고려청자를 모아 가져갔다고 하고 '데라우치 총독'은 1,800여 점이 넘는 서예 작품과 수많은 책을 비롯한 각종 문화재를 쓸어 담았다고 하지.

특히 '오구라 다케노스케'라는 사업가는 우리나라 전역의 고대 무덤을 파헤쳐 유물 수천 점을 몰래 일본으로 반출했단다. 이때 하도 많은 무덤을 파헤쳐서 이 사람은 '두더지'라는 별명을 얻을 정도였다는구나.

또한 일본인들은 유물만 가져간 것이 아니라 경복궁의 '자선당'이라는 건물도 뜯어 갔고, 경천사 10층 석탑도 해체하여 일본으로 몰래 가져갔어. 이 석탑은 이후에 여러 사람들의 노력으로 되돌아와 현재는 국립중앙박물관에 전시되어 있단다. 이 밖에도 문화재를 약탈한 사례는 너무도 많아서 다 셀 수조차 없지.

**박 작가 한마디**

국외소재문화재재단이 조사한 일본 내 우리 문화재 숫자는 무려 10만 9천여 점이며(2024년 1월 기준) 대부분이 밀반출된 것이다. 이는 국외에 있는 우리 문화재 중 약 44퍼센트를 차지하는 양이다. 이뿐 아니라 일본 왕실 도서관에 보관 중인 우리 고서적은 그 숫자조차 파악되지 않고 있다.

## 20. 화폐정리사업으로 우리 경제를 지배한 죄

일제는 통치 자금을 확보하기 위해 1905년부터 화폐정리사업을 벌였어. 대한제국의 화폐를 새로운 일제 화폐로 교환시켜 대한제국의 경제를 일본의 지배하에 두려고 했단다. 하지만 화폐 교환 과정에서 대한제국 화폐의 가치를 제대로 인정해 주지 않아 수많은 조선인은 재산상 손해를 입었고 그 손해만큼의 이익을 일제가 차지하게 돼.

화폐정리사업 이후에 이어진 토지조사사업, 호구 조사 등으로 일제는 조선을 경제적으로 침략하는 데 성공했고, 대한제국의 산업과 농촌의 성장은 철저하게 제한되었어.

## 21. 의병 최익현을 죽게 한 죄

을사늑약에 분노한 백성들은 전국 각지에서 의병을 일으켜 일제에 대항했어. 이때 활약한 의병장들을 살펴보면 평민 중에는 신돌석 장군이, 양반 중에는 최익현 선생이 유명했어.

최익현 선생은 상투를 자르는 단발령이 시행되자 차라리 도끼로 내 머리를 치라고 할 만큼 당시 양반들 중에서도 꽤나 보수적인 사람이었어. 하지만 그는 을사늑약이 체결된 것을 보고 망설임 없이 의병을 일으키지. '노블레스 오블리주'를 실천했다고나 할까?

하지만 일제의 강압에 의해 조정은 관군을 풀어 의병을 진압했어. 뼛속까지 유학자였던 선생은 임금의 군대와는 싸울 수 없다면서 스스로 잡혀가고 말아. 최익현 선생은 일제에 의해 대마도로 끌려가서 고초를 겪다가 1906년 11월 17일 그곳에서 세상을 떠났어. 우리나라 유학의 정신적 지주였던 그의 죽음에 온 나라가 슬픔에 빠졌지.

 '노블레스 오블리주'가 무슨 말이에요?

 프랑스어라 조금 어렵지? '사회적 지위가 있는 사람은 그 의무를 다해야 한다'는 뜻이야.

 을사오적에게 꼭 해 주고 싶은 말이네요.

 그렇지. 그들에게 꼭 필요한 덕목이었겠구나.

 최익현 선생님이 끝까지 싸웠더라면 더 좋았을 거라는 생각이 들어요.

 유학자라 왕명을 차마 거역하지 못했던 게지.

### 박 작가 한마디

자기 이익을 위해, 강한 쪽에 기대어 그때마다 입장을 바꾸는 사람은 진정한 보수를 추구한다고 할 수 없다. 최익현 선생을 보면서 진정한 보수가 과연 무엇인가 생각하게 된다.

## 22. 도쿄권업박람회에서 한국인을 전시한 죄

1907년 3월 일본 도쿄에서는 권업 박람회가 개최되었어. 일제는 이곳에서 조선인 남녀를 특별 전시관에 전시하며 모욕을 주었어. 난간을 사이에 두고 일본인이 한국인을 관람하게 했는데, 마치 동물원에서 사람이 동물을 구경하는 것을 연상하게 했어. 아주 치욕스러운 일이지.

그런데 이런 일은 이번이 처음이 아니었단다. 이미 1903년 오사카 내국권업박람회에서 일본인 인류학자들은 교육을 목적으로 한다며 한국인, 오키나와인, 아이누인, 타이완인들을 전시했었다고 해.

이 일이 알려지면서 많은 사람들이 분노했고 곳곳에서 항의가 이어져 전시는 중단되었지.

## 23. 헤이그 만국평화회의 참석을 방해한 죄

1907년 고종은 을사늑약이 무효임을 알리기 위해 그해 6월 15일부터 네덜란드 헤이그에서 열리는 만국평화회의에 이준, 이상설, 이위종을 비밀리에 파견했어. 우리는 이들을 '헤이그 특사'라고 부르지.

6월 25일에 헤이그에 도착한 이들은 을사늑약의 불법성과 일제의 침략 행위를 알리기 위해 노력했을 뿐 아니라, 각국의 기자단이 모인 자리에서 '조선을 위해 호소한다'는 제목으로 연설을 하며 기자들의 호응도 얻어 냈어.

하지만 이를 알아챈 일제는 본격적으로 방해에 나섰지. 일본을 지지하는 미국과 유럽 여러 나라의 반대로 특사단은 정작 만국평화회의에는 참석조차 못 하고 만단다. 온갖 노력에도 특사들의 노력이 좌절되었고 그 가운데 이준 열사는 현지에서 병을 얻어 1907년 7월 14일 숨을 거두었어.

이상설, 이위종 특사들은 이준 열사의 시신을 우리나라로 모셔 오고자 했으나 일본 영사의 방해로 뜻을 이루지 못했어. 1963년에야 유해를 서울로 모셔 왔고, 서울 장충단 공원에 이준 열사의 동상을 세웠단다.

> **박 작가 한마디**
> 한국인보다 더 한국을 사랑했다고 알려진 호머 헐버트 박사에 대해 소개하려고 한다. 그는 헤이그 특사 활동을 적극 지원하였고, 세계의 언론에 우리나라의 사정을 알리는 데 큰 역할을 했다. 또한 일제에 의해 추방되어 미

국에 거주하면서도 대한제국의 독립을 지원하고 우리나라 역사와 문화를 세계에 알리는 데 큰 공을 세웠다. 헐버트 박사는 해방 후 우리나라에 돌아와 세상을 떠났다. 헐버트 박사의 무덤은 서울 합정역 인근 양화진외국인선교사묘원에 있다.

## 24. 고종을 강제로 폐위시킨 죄

이토 히로부미의 사주를 받은 을사오적 이완용과 매국노 송병준이 헤이그 특사 사건의 책임을 놓고 고종 황제를 압박하다가 결국 일제와 친일파는 내각 회의를 조직하여 황제를 강제로 폐위시켜. 1907년 7월 20일, 임금의 자리를 물려주는 양위식이 거행되었어. 황제와 황태자는 참석하지 않았으나 신하 두 명이 신, 구 황제의 대역을 맡아 진행했지. 고종 양위 소식이 알려지자 수많은 사람들이 통곡하며 일본인들을 공격하고 곳곳에서 시위를 일으켰어.

## 25. 대한제국의 왕자와 공주를 강제로 일본으로 끌고 간 죄

일제는 대한제국의 왕자와 공주들을 일본으로 끌고 가 일본의 황실이나 귀족들과 결혼시켰어. 혹시나 독립운동의 상징이 될 수 있는 싹을 애초에 잘라 버리려고 했던 거지.

대한제국의 마지막 황태자 '이은'은 열한 살의 어린 나이에 유학이라는 명목으로 일본에 끌려갔어. 그리고 그곳에서 일본 군인이 되었고 일본 왕족 여성과 결혼했어. 일본인으로 살 것을 강요받은 거야.

또한 고종의 고명딸(아들 많은 집의 외동딸)인 덕혜옹주는 열세 살이 되던 해 일본으로 끌려가 일본인과 결혼했고 평생 정신병에 시달리는 등 불행한 삶을 살았단다.

## 26. 정미 7조약으로 대한제국을 지배하려 한 죄

일본은 헤이그 특사 사건 이후 대한제국에 대해 더 강력한 지배권을 행사하기로 마음먹었어. 그리고 1907년 7월 24일 '한일신협약'이라는 새로운 조약을 맺을 것을 대한제국에 강요해. 정미년에 맺은, 7개 항목으로 구성된 조약이라는 뜻에서 '정미 7조약'이라고도 불러. 계약 내용은 아래에서 살펴볼게.

이토 히로부미와 이완용은 이 강제 조약 이외에도 각 부서의 차관을 일본인으로 임명하거나 군대를 해산하는 등의 내용이 담긴 밀약을 맺었어.

고종 황제를 강제로 폐위시킨 직후에 그랬단 말이죠?

이 조약이 체결된 날이 7월 24일이니 고종이 강제 폐위된 지 겨우 4일이 지났을 뿐이었지.

비밀리에 군대의 해산을 약속했다고요?

그래. 그건 이다음에 바로 알아보자꾸나.

> **박 작가 한마디**
>
> 정미 7조약
>
> 제1조 한국 정부는 시정 개선에 관해 통감의 지도를 받는다.
>
> 제2조 한국 정부의 법령 제정 및 중요한 행정상의 처분은 미리 통감의 승인을 거친다.

> 제3조 한국의 사법 사무는 일반 행정 사무와 구분한다.
>
> 제4조 한국의 고등 관리를 임명하고 해임하는 것은 통감의 동의에 의해 집행한다.
>
> 제5조 한국 정부는 통감이 추천하는 일본인을 한국의 관리로 임명한다.
>
> 제6조 한국 정부는 통감의 동의 없이 외국인을 맞아들여 고용하지 않는다.
>
> 제7조 메이지 37년(1904년) 8월 22일에 합의한 한일 협약 제1항을 폐지한다.

## 27. 대한제국의 군대를 강제로 해산하게 한 죄

일제는 1907년 8월 1일 대한제국의 군대를 무력으로 해산시켰어. 민족의식을 가진 대한제국 군인의 상당수가 의병과의 전투를 거부하자, 군대를 없애 버린 거야.

무기 없는 맨몸 훈련을 하겠다고 속여 장병들을 동대문의 훈련원으로 모이게 하고서는 해산식을 진행했어. 훈련으로 알고 나온 장병들은 자신들의 계급장이 뜯겨 나가자 목 놓아 울었다고 해.

그런데 그 순간 총소리가 들려왔어. 참령 박승환이 군대 해산에 반발하여 자결을 한 것이었지. 당시 나이 39세였던 참령 박승환은 "군인으로서 나라를 지키지 못하고 신하로서 충성을 다하지 못하면 만 번 죽어도 아까울 것이 없다."라는 유서를 남겼어. 이를 계기로 대한 제국의 병사들이 일본군에 맞서기 시작했지만 싸울 무기가 절대적으로 부족했어. 치열한 전투 끝에 68명이 전사하면서 결국 2만여 명에 이르던 대한제국의 군대는 강제로 해산됐어.

## 28. 국채보상운동을 탄압한 죄

화폐정리사업을 명목으로 대한제국의 경제를 틀어쥔 일제는 그에 그치지 않고 대한제국의 경제를 완전히 지배하기 위해 높은 이자의 빚을 떠넘기는데, 그 액수가 무려 1,300만 원이나 되었어. 대한제국의 1년 예산을 훌쩍 넘는 큰돈이었지.

이에 1907년 대구에서 민중의 힘으로 국채를 갚아 독립을 이루자는 '국채보상운동'이 발생해 전국으로 퍼져 나갔단다. 남자들은 담배를 끊고 여자들은 비녀와 반지를 팔아서 돈을 모으자는 자발적 운동이었어.

하지만 일제는 이 운동을 일본에 반대하는 운동이라며 탄압했어. 모인 돈을 보관하던 〈대한매일신보〉의 양기탁을 횡령죄로 몰아 구속하는 등 강력한 탄압 정책을 펼쳐 결국 국채보상운동을 좌절시키고 만단다.

 너희들 '금 모으기 운동' 들어 봤니?

 처음 들어 봐요.

 그게 무슨 운동이에요?

 너희들이 태어나기도 한참 전인 1997년에 외환 위기로 나라가 큰 경제적 위기를 겪었어. 그래서 1998년 초부터 국민들이 자발적으로 금을 모아 나라의 위기를 극복하고자 했던 운동이야. 이 운동은 경제 위기를 극복할 수 있는 원동력이 되었단다.

 와! 멋지네요. 마치 의병 운동 같아요.

 국채보상운동이 훗날 금 모으기 운동이 된 것이네요!

### 박 작가 한마디

국채보상운동은 훗날 금 모으기 운동의 초석이 되었을 뿐 아니라 우리나라 시민 운동, 특히 여성 운동의 뿌리가 되었다. 국채보상운동 때 깨어 있는 여성들이 여성들의 참여를 독려하며 각종 부인회를 만들었다. 그 가운데 대구 남일동 '패물폐지부인회'가 가장 먼저 설립되었다고 알려졌다. 패물폐지부인회는 전국 최초의 여성 운동 조직으로 손꼽히며 근대 여성 운동의 시작이라고 평가받고 있다.

## 29. 사립 학교를 탄압한 죄

일제는 1908년 8월 26일에 '사립학교령'이라는 법을 발표하고 1908년 10월 1일부터 시행했어. 이 법령은 사립 학교를 설립할 때 일제 정부의 허가를 받아야 한다는 거였는데, 새로 만드는 학교뿐만 아니라 이미 있던 학교도 다시 신고를 해야 했지. 하지만 일제는 쉽게 허가를 해 주지 않

았고 결국 대부분의 사립 학교가 폐교되고 말아. 이렇게 학교들을 폐교시키려 한 것은 지방의 사립 학교들이 하고자 했던 민족 교육과 반일 교육을 방해하려는 목적이었다고 볼 수 있단다.

> **박 작가 한마디**
>
> 일제의 식민 지배가 한국의 근대화를 가져왔다는 '식민지 근대화론'을 말하는 사람들은 일제가 우리에게 근대적 교육 기회를 주었다고 주장한다. 하지만 민족 교육을 진행하던 사립 학교를 탄압한 사례를 볼 때 그들이 식민지 교육을 통해 원했던 것은 오직 조선 수탈뿐이었음을 알 수 있다.

## 30. 의병 대장 허위를 사형시킨 죄

'노블레스 오블리주'를 실천한 양반들 중 의병 대장 '허위'를 빼놓을 수는 없지.

허위 대장은 1907년 '13도 창의군'을 모으는 데 큰 역할을 했어. 13도 창의군은 정미 7조약 이후 대한제국의 정규군이 해체된 뒤인 1907년 12월에 의병들이 경기도 양주에서 조직한 의병 연합 단체야. 이들은 1908년에 서울에서 일본군을 몰아내려는 '서울 진공 작전'을 개시했고 허위는 의병 대장을 맡아 열심히 싸웠지. 하지만 이 작전은 실패하고 말았어. 체포당한 허위는 결국 1908년 10월 21일 서대문형무소에서 사형을 당했는데 그는 서대문형무소의 1호 사형수라고 알려져 있지. 우리가 잘 아는 안중근 의사는 허위를 '높은 관료 중 최고의 충신'이라 평했어.

> **박 작가 한마디**
>
> 1908년 일제에 의해 경성감옥이란 이름으로 세워진 서대문형무소는 수많은 독립운동가들이 고초를 겪은 곳이다. 해방 후에는 독재 정권에 저항했던 민주 인사들이 투옥되기도 했다. 현재 서대문형무소는 역사관으로 탈바꿈해 그 시대를 증언하고 있다.

## 31. 창경궁을 동물원으로 바꾼 죄

일본은 1909년, 순종 황제를 기쁘게 한다는 명목으로 5대 궁궐 중 하나인 창경궁에 동물들을 들여와 동물원으로 만들어 버려. 각종 전각들을 철거하고 그곳에 일본식 건물과 정원을 만들었지. 왕궁이 하루아침에 유원지가 되어 버린 거야. 1911년에는 이름도 창경원이라고 바꿔 버렸어. 순종 황제는 핑계

일 뿐 실상은 대한제국 황실의 권위를 훼손하고자 벌인 일이었지.

또한 일본은 순종 황제가 세상을 떠난 후, 창경궁과 종묘 사이를 관통하는 도로를 만들어 본모습을 훼손했어. 그로 인해 창경궁과 종묘는 분리되고 만단다.

**박 작가 한마디**

이 일은 '이토 히로부미'가 꾸민 일인데 정작 그는 창경원 개장식 때는 참석하지 못했다. 개장식 닷새 전 안중근 의사에 의해 하얼빈에서 저격당했기 때문이다.

그 후로 창경원은 줄곧 동물원으로 쓰이다가 1984년이 되어서야 복원 공사를 통해 창경궁으로 회복되었다.

## 32. 대한제국의 사법권을 강탈한 죄

일제는 정미 7조약으로 대한제국의 사법권을 간섭하기 시작했고, 1909년 7월 12일 사법권은 물론이고 심지어 감옥 사무 처리권마저 일본에 넘겨준다는 '기유각서'를 강제로 체결한다. '대한제국 사법 및 감옥사무 위탁에 관한 각서', 즉 기유각서를 통해 일제는 한국인들을 마음대로 체포하고 재판하고 감옥에 가둘 수 있는 권한을 갖게 된 거지.

## 33. 제멋대로 간도협약을 맺은 죄

간도는 압록강 상류와 두만강 북쪽의 조선인 거주 지역을 말해. 조선과 청나라는 1712년 이곳에 서로 간의 국경 위치를 확정하는 백두산 정계비를 세웠지. 하지만 조선 후기에 들어서 정계비의 내용 중 '동으로는 토문강을 경계로 한다'는 것에 대해 서로 해석하는 바가 달라서 문제가 생겼어. 그런데 갑자기 일본이 1909년 9월 4일 청나라와 간도협약을 맺고 간도 지역을 청나라에 넘겨주었어. 그 대가로 일본은 남만주 철도부설권을 얻었지. 자신들의 이권을 위해 우리 영토를 멋대로 넘기는, 불법 협약을 한 셈이야.

## 34. 남한폭도대토벌작전이라는 이름으로 의병들을 공격한 죄

1907년부터 1909년 6월까지 전국의 의병이 일본군과 싸운 횟수는 무려 3천 7백여 회에 달했단다. 그중 동학농민운동의 발상지이기도 한 호남에서 들고 일어난 의병들의 기세가 가장 강했다고 해. 이에 일제는 호남 의병을 완전히 토벌하고자 1909년 9월부터 10월까지 호남 지역을 봉쇄하고 무자비한 살육과 약탈을 감행했어. 이 일로 의병장 백여 명, 의병 1만 7천여 명이 희생당했단다.

'남한폭도대토벌작전'에서 '남한'은 대한제국의 남부, 그중에서도 전라남도를 가리킨단다.

> **박 작가 한마디**
>
> 의병의 역사는 동학농민전쟁에만 있는 것이 아니라 임진왜란부터 일제 강점기를 거쳐 근래의 시민 촛불 혁명까지 우리 역사에 새겨진 자랑스러운 전통이라 생각한다. 우리의 자랑스러운 의병의 역사를 한번 알아보도록 하자.

## 35. 안중근 의사를 처형한 죄

1909년 10월 26일 우리나라 침략의 원흉인 초대 통감 이토 히로부미가 하얼빈 역에서 저격을 당해 숨지는 일이 발생해. 그를 저격한 청년이 바로 민족의 영웅 안중근이었지.

이 의거 이후 안중근 의사는 중국 뤼순 형무소에 수감되었어. 안 의사는 대한제국 침략의 장본인인 이토 히로부미를 처단하는 것은 대한제국의 국민으로서 당연한 거사였다고 당당히 말했단다. 안중근 의사는 1910년 3월 26일 사형되었어.

어때? 안 의사의 말씀에 가슴이 뭉클해지지 않니?

 맞아요. 그런데 안중근 의사의 묘는 어디에 있나요?

 왜? 갑자기 찾아뵙고 싶어서?

 불행하게도 우리는 일제가 방치한 그분의 유해를 찾지 못했단다. 김구 선생님이 그분을 위해 만들어 놓은 묫자리만 서울 효창공원에 있을 뿐······.

**박 작가 한마디**

안중근 의사의 의거로 대한제국의 백성들이 일본에 대항한다는 사실이 알려졌다. 또한 이후 이재명 의사의 이완용 처단 사건을 비롯하여 무수한 항일 운동의 기반이 되었으며 중국의 항일 투쟁에도 영향을 끼쳤다. 또한 안 의사가 주창한 '동양평화론'은 한국, 중국, 일본 3국이 협력해야 한다는 이론으로 당시로서는 몇 세대를 앞선 사상이었으며 오늘날에도 시사하는 바가 크다. 한편 하얼빈 의거에 함께했던 동지들인 우덕순, 유동화, 조도선 지사에 대해서는 잘 알려지지 않았으니 이 분들에 대해 더 조사해 보자.

## 36. 강제 병합으로 조선을 식민지로 삼은 죄

1910년 8월 22일 일제는 순종 황제에게 대한제국을 일본과 병합한다는 문서에 서명할 것을 강요했지만 순종 황제는 서명하지 않았어. 하지만 이완용,

송병준과 같은 친일 관료들이 순종으로부터 기어코 서명을 받아 내고 말아.

일제는 한국인의 저항이 거셀 것을 걱정하여 한일병합조약을 바로 발표하지 않고 8월 29일에야 슬며시 발표했단다. 조선의 역사는 518년만인 1910년 8월 22일에 일제에 의해 막을 내렸다고 보는 게 맞을 것 같구나.

경술년에 벌어진 이 일에 서명한 이들을 경술 7적이라 부르는데 앞서 알아보았던 을사 5적과 더불어 기억해야 할 사람들이니 잊지 말아라. 이완용, 이재곤, 조중응, 이병무, 고영희, 송병준, 임선준이란다.

 많은 사람들이 분노했겠죠?

 많은 사람들이 스스로 목숨을 끊기도 했단다. 대표적인 사람은 『매천야록』의 주인공인 황현이야. 학자이자 문인답게 절명시(목숨을 끊으며 남긴 시)를 남기기도 했는데 매우 가슴 아픈 시구로 유명하단다.

 우리로선 무척이나 원통한 날이네요.

 그래. 그래서 한일병합을 경술년에 일어난 치욕이라 하여 경술국치라 부르고 8월 29일을 국치일로 부르고 있어. 이 시기를 기점으로 대대적인 항일 운동이 일어나니 계속 공부해 보자꾸나.

> **박 작가 한마디**
>
> 조선은 왜 그렇게 허무하게 망했을까? 그리고 어떻게 500년이라는 긴 세월 동안 왕조를 유지했을까? 두 가지 모두 생각해 보자.

## 37. 총독부를 설치해 무단으로 통치한 죄

대한제국의 주권을 완전히 강탈한 일제는 조선에 총독부를 설치한단다. 총독부는 식민지를 지배하기 위해서 지배하려는 국가가 지배받는 국가에 설치하는 최고 행정 기관이야. 총독부에서는 총독이 최고의 권력을 가진단다.

1910년 10월 1일 조선 총독부의 기능이 시작되었지. 총독은 한국인의 인권과 주권을 철저히 무시했고, 저항하는 사람들은 폭력으로 제압했어. 아주 막강한 권한을 가졌던 총독 때문에 한국인들은 가혹한 조선 총독의 지배를 35년간이나 받으며 해방의 날을 꿈꿨단다.

> **박 작가 한마디**
>
> 일본은 우리나라를 왜 그렇게 무자비하게 통치했을까? 말, 글, 이름도 빼앗고 역사마저 왜곡하면서. 하지만 그렇게 35년을 통치했음에도 왜 우리를 일본인으로 동화시키지 못했을까?

## 38. 재판도 없이 한국인에게 형벌을 가한 죄

일제는 세계에서도 유례를 찾기 힘든 일을 자주 했는데 그중 하나가 헌병경찰제도란다. 군인인 헌병에게 경찰 업무와 행정 업무를 맡겼지. 그뿐만 아니라 이들에게 태형, 즉 사람을 때리는 형벌의 권한까지 주었다고 해. 태형은 1894년 갑오개혁 이후에 조선에서 완전히 사라졌던 형벌이야. 태형은 일본인에게는 불법이었고, 한국인에게만 합법적인 벌이었어. 일제의 만행이 얼마나 차별적이며 포악했는지 알 수 있는 일이지.

> **박 작가 한마디**
>
> 당시 밤늦게 우는 아이나 말을 안 듣는 아이들을 겁줄 때 '순사 온다!'라고 했다는데 순사는 경찰과 헌병을 말하는 것이었다. 이 말은 나의 어린 시절까지도 통용되어 순사가 얼마나 무서운 존재였는지를 알려 주었다.

## 39. 경희궁 터를 훼손한 죄

경희궁은 경복궁의 서쪽에 있다 하여 서궐로 불렸던 조선의 5대 궁 중 하나야. 그런데 1915년 일제는 그들의 자녀들이 다닐 학교인 경성중학교를 바로 이 경희궁 터에 지어 버렸어. 경복궁을 수리하느라 경희궁의 건물들을 가져다 쓰는 바람에 공간이 조금 비어 있었거든.

그뿐만 아니라 도로를 확장한다면서 경희궁의 정문이었던 '흥화문'을 본래 위치에서 옮겼다가, 이마저도 강제로 철거하여 '이토 히로부미'를 기리는 사찰 '박문사'의 정문으로 삼았지. 게다가 얼마 남지 않은 건물들도 모두 팔아넘겨 경희궁은 텅 비어 버리고 말았단다.

 너희들 경희궁에 대해 들어 본 적 있니?

 저는 처음 들어요.

 다른 궁은 가 봤는데 경희궁은 가 본 적이 없어요.

 서울에 있는 다른 궁들과는 다르게 경희궁은 안타깝게도 본래의 모습을 영영 잃어버렸어. 1617년 세워진 경희궁에는 인조부터 효종, 철종까지 10명의 임금이 살았었단다. 그중 숙종은 이곳에서 태어나 이곳에서 생을 마감하기도 했었고. 이렇게 역사적으로 중요한 곳을 훼손하고 거기에 일본인을 위한 학교를 지은 것은 결코 용서할 수 없는 일이지.

## 40. 회사령, 어업령 등으로 조선의 경제 기반을 무너뜨린 죄

일제는 1910년 12월, '회사령'이라는 법령을 만들어 시행했어. 회사령은 회사를 설립할 때 조선 총독부의 허가를 받도록 하는 제도였는데, 이것을 통해서 일본은 대한제국의 산업을 독점하려고 한 거지.

또한 그다음 해에는 '어업령'을 발표하며 대한제국 황실과 개인 소유의 어장을 빼앗아 조선으로 이주한 일본 어민들에게 주어 조선의 어장을 독점하는 횡포를 부렸어. 그로 인해 조선의 경제는 점점 무너져 갔단다.

## 41. 105인 사건을 조작한 죄

'105인 사건'은 일본이 1911년 데라우치 총독 암살 미수 사건을 조작하여 105인의 독립운동가를 감옥에 가둔 사건이야. 일제는 황해도와 평안도 지역의 민족 운동을 탄압하기 위해서 이들이 총독을 암살하려 했다는 거짓 누명을 씌웠어.

모두 600여 명을 체포하여 그중 123명을 재판에 넘기는데 이 일로 유죄를 선고받은 사람이 모두 105명이나 됐어. 조사 과정에서 4명이 고문으로 목숨을 잃었고 3명이 정신 이상 증세를 보일 만큼 잔혹한 조사가 이루어졌다고 해.

### 박 작가 한마디

105인 사건의 시초가 되는 '안악사건'은 안명근 지사가 서간도에 무관학교를 설립하기 위한 자금을 모집하다가 관련된 인사 160명과 함께 검거된 사건이다. 안명근은 안중근 의사의 사촌 동생이라는 이유로 일본 헌병으로부터 모진 고문을 받았다.

안명근이 체포된 것은 서울의 뮈텔 대주교가 총독부에게 직접 제보했기 때문이었다. 그뿐만 아니라 뮈텔 대주교는 안중근 의사의 천주교 신자 자격을 박탈하고 안 의사의 마지막 천주교 의식을 행해 준 신부를 벌하기까지 했다. 우리의 독립 의지를 옆에서 도와준 성직자들도 존재하지만 뮈텔 대주교와 같은 사람들도 있었다는 점 꼭 기억하자.

## 42. 식민 지배에 적합한 교육을 위해 교육령을 공포한 죄

일제는 식민 지배 기간에 총 네 차례에 걸쳐 교육령을 공포하는데, 1차 교육령은 1911년에 공포되었단다. 조선에 일본어를 보급해서 조선인들을 충실한 식민지의 노동자로 만들고자 한 거지.

그 뒤에 이어진 교육령들은 삼일 운동 이후에 민족의 정신을 말살해 일본에 동화시키는 데 그 목적을 두었다고 해. 이를 통해 알 수 있는 건, 일본은 교육령을 통해 식민지인 조선을 더 적극적으로 착취하려고 했을 뿐, 조선인을 고급 인력으로 만들어 주려던 게 아니라는 점이란다.

 어릴 적 일본인 선생들이 가끔 생각난단다.
 무서웠을 것 같아요.
 왜 아니겠어. 일본어를 못한다고 많이 혼났어. 내 경우엔 아버지가 독립운동을 했다고 해서 눈 밖에 나기도 했었고. 학교에 가는 게 너무 싫었단다. 매일 아침엔 일본말로 천황에게 충성을 맹세하게 했던 게 기억이 나는구나.

## 43. 독립운동가들을 고문하고 투옥한 죄

일제의 만행은 날이 갈수록 잔혹해졌어. 헌병과 경찰은 독립운동가들에게 온갖 고문을 가했는데 대표적인 것들은 '코와 입에 고춧가루물 붓기', '손톱과

발톱 밑을 바늘로 찌르기', '작은 상자 속에 가두기', '끓는 물속에 집어넣기', '전기 고문' 등이 있었는데 이 외에도 말로 표현할 수 없이 잔인하여 너희들에게 소개할 수 없는 고문들도 아주 많단다.

일제에 대항하던 독립운동가들이 겪었을 고초는 감히 상상하기도 어렵지 않니?

## 44. 조선의 토지를 수탈한 죄

총독부는 1910년부터 전국의 토지를 조사하는 '토지 조사 사업'을 시행했어. 토지 소유권을 명백히 해서 세금을 정확히 징수하겠다는 명분이었지. 하지만 실상은 달랐단다. 신고 절차가 까다로워 토지를 잃은 사람들도 있었고, 황실 소유의 토지와 마을 공동 토지, 그리고 소유권이 명백하지 않은 토지 등은 모두 총독부의 소유로 넘어갔단다.

그래서 1930년경에는 전국 토지의 40퍼센트를 총독부가 소유하게 되었어. 그 결과 자기 땅에서 농사를 짓던 대한 제국의 농민들은 토지를 상실하고 소작농이 되어 빈곤한 생활을 할 수밖에 없었단다.

까다로운 신고 절차는 어떤 것이죠?

 공문서 작성을 말하는 거란다. 당시 대다수의 농민들은 어려운 한자를 읽거나 쓰는 데 어려움이 있었어. 그러다 보니 제때 신고를 할 수 없었단다.

 소작농은 또 뭐예요?

 남의 땅을 빌려서 농사를 짓고 거기서 나오는 농작물의 일부를 땅 주인에게 임대료로 내는 사람들이란다. 그러니 소작료를 올리면 그만큼 생활이 힘들어지는 거지. 점점 높아지는 소작료로 농민들의 삶은 어려워져 갔단다.

> **박 작가 한마디**
>
> 총독부는 동양척식주식회사를 통해 일본인 이주자들에게 헐값에 토지를 공급하였다. 이로 인해 큰돈 없이 우리나라에 건너온 일본인이 지주가 되는 반면 토지를 빼앗기고 높은 소작료로 고통받던 조선의 농민들은 만주 등으로 대거 이주했다.

## 45. 일본의 행사에 축하와 추모를 강요한 죄

일제는 1912년 일방적으로 축제일을 지정하는데 우리와는 전혀 상관없는 그네들의 왕과 관련한 경축일을 우리에게 축하하도록 강요했단다.

신무천황제(4월 3일), 신상제(10월 17일) 등이 그것이야. 신무천황제는 일본

초대 천황의 제삿날이고, 신상제는 일본 천황이 천조대신에게 수확을 감사하고 햇곡식을 바치는 행사이지.

그뿐만 아니라 1912년 7월 메이지 왕이 죽자 전국에 추모 공간을 만들고 참배를 강요하기도 했어. 조선인들은 원수와도 같은 일본 왕의 죽음을 추모하며 절을 해야 했던 거야. 하지만 이것을 거부하기 쉽지 않았을 뿐더러 거부한 사람에게는 보복 조치가 행해졌다고 해. 원수의 위패 앞에 머리를 조아려야 하는 조선인의 마음은 얼마나 참담했을까?

## 46. 환구단을 철거하고 호텔을 지은 죄

1897년 조선이 황제국인 대한제국을 선포하고 제일 먼저 건립한 것이 황제가 하늘에 제사를 지내는 '환구단'이었단다. '원구단'이라고도 하지. 삼국시대부터 조선 초기까지 존재하다 없어졌던 환구단을 다시 세웠던 것인데 일제는 1913년 환구단을 철거하고 그 자리 위에 호텔을 세웠어. 한 나라의 신성한 공간을 철거하고 그 자리에 호텔을 세운 건 아무래도 대한제국의 위상을 깎아내리려는 의도였겠지.

> **박 작가 한마디**
>
> 지금의 서울시청 인근 조선호텔이 환구단이 있던 자리다. 지금은 '황궁우'라는 건물만이 남아 있는데 서울 도심 고궁을 방문할 때 멀지 않으니 꼭 한번 가 보자.
>
> 조선 500년 수도의 서울에는 이밖에도 조선의 흔적들이 꽤 남아 있다. 어떠한 것들이 남아 있는지 찾아보는 것도 좋은 공부일 것이다.

## 47. 물산 공진회를 경복궁에서 개최하여 조선 왕실의 권위를 훼손한 죄

일제는 1915년, '조선물산공진회'라는 박람회를 개최한단다. 요즘은 그런 걸 엑스포라고 부른다지?

그런데 문제는 장소였어. 왜냐하면 그 개최 장소가 경복궁이었거든. 임금이 정사를 돌보던 근정전에서 개막식을 하고, 각종 전각에다 상품을 진열하는 것은 물론이고 심지어 말과 소의 우리를 갖다 놓았지. 마치 시장을 연상하듯 궁궐에서 먹고 마시고 춤추는 행사를 열어 대한제국 황실의 위상을 발끝까지 떨어뜨린 거야.

거기다가 조선의 왕들만 드나들던 광화문의 가운데 문을 출입구로 삼아서 대한제국의 권위를 짓밟히게 했어.

## 48. 경복궁을 훼손하고 그 구조물을 팔아넘긴 죄

일제는 조선물산공진회 행사를 위해 경복궁의 수많은 전각들을 파괴하고 그 자재들을 팔아넘겼지. 무려 4천여 칸, 약 90퍼센트의 전각들이 파괴되었어. 그 가운데에는 건청궁, 선원전, 옥류정, 흥복전 등이 있는데 선원전은 이토 히로부미를 추모하는 절에 팔아 넘겨졌다고 해. 옥류정은 어떻게 되었는지도 모르고. 심지어 경복궁 북쪽에 있던 후원은 총독 관저를 짓기 위해 완전히 없애 버리기도 했단다.

> **박 작가 한마디**
>
> 일본에 의한 경복궁 훼손이 얼마나 심각했는지는 남아 있었던 건물의 숫자로 알 수 있다. 임진왜란 때 훼손되었던 경복궁을 다시 중건했을 때 약 500여 동이 있었는데 해방 시점에는 겨우 7개 동 정도만이 남아 있었다고 한다. 정확한 기록은 알기 어렵지만 그마저도 훼손이 심했다고 전해진다. 현재는 복원 공사로 125개 동이 자리하고 있다.

## 49. 광업령으로 대한제국의 광물 자원을 감탈한 죄

1911년 제정한 '삼림령'으로 질 좋은 산을 소유하여 목재 등의 산림 자원을 확보한 일제는 1915년 '광업령'까지 발표한단다. 이것은 한반도 전역에 흩어진 광물 자원을 수탈하기 위한 법령이었지. 전국의 무연탄, 흑연, 동, 아연 등은 물론이고 금과 은광 역시 일본인의 손에 넘어가. 1920년대에 가면 전체 광산의 무려 80퍼센트를 일본인이 소유하게 되는데, 지금으로 따지면 과연 얼마의 가치가 있을지 상상조차 힘들단다. 이렇게 빼앗아 간 조선의 천연자원은 모두 일본의 침략 전쟁에 쓰였지.

## 50. 광화문을 허물고 그 자리에 조선 총독부 청사를 지은 죄

일제는 1916년부터 10여 년간 공사를 해서 조선 총독부 청사를 경복궁 바로 앞에다 짓는 만행을 저지른단다.

이로 인해 경복궁의 정면은 많은 부분이 훼손되었을 뿐 아니라 총독부 청사에 가로막혀 근정전에서부터 광화문까지 이어지던 일렬의 구도가 완전히 단절되었어.

또 경복궁의 정문인 광화문을 해체하여 동쪽으로 이전했는데, 이 과정에서 광화문도 훼손되었지. 경복궁을 완전히 가리고 그 앞에 대형 총독부 청사를 지은 행위는 500여 년간을 이어 온 조선의 역사를 깡그리 무시한 의도적 행위라고 할 수 있단다.

> **박 작가 한마디**
>
> 총독부 건물은 그 이후 중앙청, 국립 박물관 등으로 쓰이다가 1995년에 이르러서야 철거되었다. 건축사적으로는 잘 지어진 건물이니 보존해야 한다는 의견이 있었지만 식민 잔재를 청산하고 경복궁의 원형을 되찾기 위해서는 어쩔 수 없는 선택이었다고 본다. 아직도 일제 강점기에 지어졌던 건물들이 일부 남아 있는데 과연 철거를 해야 할까, 아니면 보존하여 후세에 남겨야 할까?

## 51. 삼일만세운동을 폭력으로 진압한 죄

삼일만세운동은 하루 동안 일어난 일이 아니란다. 1919년 3월 1일에 시작되어 전국 방방곡곡은 물론이고 만주, 연해주, 중국, 일본, 하와이, 미국까지 전파되었어. 수많은 사람들이 참여하여 조선의 독립을 당당히 요구했던 운동이었지. 그 규모 또한 대단했어.

3월부터 5월까지 이어진 기간에 1,500여 회의 집회가 열렸는데, 박은식의 『한국독립운동지혈사』에 따르면 당시 2백만여 명이 만세 시위에 참여했으며, 이 중 7,500여 명이 살해당했고 1만 6,000여 명이 부상당했다고 해. 당시 우리 인구가 2천만 명 안팎이었으니 얼마나 많은 이들이 참여했는지 알 수 있겠지?

이에 놀란 일제는 헌병과 경찰은 물론이고 군인까지 동원하여 총과 칼로 무자비한 탄압을 가했어. 죽은 사람, 다친 사람 외에도 감옥에 갇힌 사람이 4만 6,000여 명이나 되었다고 해. 일제의 탄압이 얼마나 폭력적이고 비인간적인지 굳이 말을 하지 않아도 알 수 있을 거다.

 돌아가신 분이 7,500명이나 된다니 믿어지지 않아요.

 그러게 말이야. 해도 너무해.

 삼일만세운동이 조직화된 항일 투쟁을 하는 계기가 되었단다. 상하이에 임시정부도 세워지고 말이야. 다음엔 삼일 운동과 관련한 일제의 만행 몇 가지를 더 알아보자꾸나.

### 박 작가 한마디

삼일 운동은 중국과 베트남 그리고 인도 등 아시아의 많은 식민지 국가에 큰 영향을 끼쳤다.

## 52. 제암리교회를 불태우고 무고한 백성을 학살한 죄

1919년에 삼일만세운동이 전국적으로 퍼져 나가면서 제암리에서도 마을 청년을 비롯한 많은 사람들이 장날에 모여 '대한 독립 만세'를 외쳤어. 그해 4월 15일, 일제 헌병대는 제암리 주민들을 교회에 모이게 했어. 장터에서 있었던 만세 운동 때 헌병이 조선인을 죽인 일에 대해 사과를 하겠다는 이유였지. 그런데 그들은 사과는커녕 교회당 문과 창문을 모두 막고 석유를 부은 다음 불을 붙였어. 불을 피해 밖으로 빠져나오려는 사람들에게는 총을 쏘았고. 그 결과 교회 안에서 23명, 밖에서 6명, 모두 29명이 사망했단다. 주위 민가에도 불을 질러 33채의 집을 태워 버렸어. 일본 군은 인근 '고주리'에서도 천도교인 6명을 칼로 죽이는 만행을 저질렀어.

제암리 참변에 비해 잘 알려지지 않았지만 이에 앞서 수촌리에서도 만세 운동의 주모자를 찾겠다며 민가를 모두 불태우는 일이 있었지.

> **박 작가 한마디**
>
> 일제의 은폐로 알려지지 않았던 제암리교회 사건은 당시 서울에 와 있던 외국인들에 의해 그 참상이 밝혀졌다. 캐나다인 프랭크 스코필드 박사가 위험을 무릅쓰고 그 현장으로 달려가 사진을 찍었기 때문이다. 그 뒤로도 스코필드 박사는 조선의 독립을 지원했고, 그 공로를 인정받아 외국인으로서는 최초로 국립묘지에 안장되었다.

## 53. 유관순 열사를 고문으로 죽인 죄

삼일 운동 하면 떠오르는 사람, 바로 유관순 열사는 1920년 18세의 나이로 세상을 떠나면서 다음과 같은 유언을 남겼단다.

"내 손톱이 빠져나가고, 내 귀와 코가 잘리고, 내 손과 다리가 부러져도 그 고통은 이길 수 있사오나 나라를 잃어버린 그 고통만은 견딜 수가 없습니다. 나라에 바칠 목숨이 오직 하나밖에 없는 것만이 이 소녀의 유일한 슬픔입니다."

고향에서 만세 운동을 주도하다 투옥된 유관순 열사는 서대문형무소에서 수감되어서도 독립에 대한 의지를 굽히지 않았어. 유관순 열사는 1920년 3월

1일 옥중에서 같이 수감된 사람들과 3.1절 1주년 기념 만세 운동을 일으켜. 이에 격분한 일제는 이들에 대해 잔인한 고문과 폭력을 가했는데, 열사의 허리와 무릎이 부러질 만큼 가혹한 고문이었다고 해. 유관순 열사는 그해 9월 28일 오전 8시 20분에 오랜 고문과 영양실조로 인해 세상을 떠났어.

> **박 작가 한마디**
>
> 현재 유관순 열사의 묘는 없다. 원래 이태원 공동묘지에 있었다가 이장 과정에서 사라진 것인데 유족이 없는 열사의 유해를 챙길 사람이 없었기 때문이다. 열사의 아버지와 어머니 모두 아우내 장터에서 있었던 만세 운동에 참가했다가 일제의 총칼에 사망했다. 현재는 서울 망우리 묘역에 합장묘 형태로만 남아 있다.

## 54. 연통제 관련자들을 투옥한 죄

1919년 4월 11일에 중국 상하이에서 독립운동가들이 임시 정부를 세웠어. 우리나라 최초의 민주주의 정부인 대한민국 임시 정부는 나라 안팎으로 독립 운동을 기획하고 활발하게 외교를 진행하며 나라를 되찾기 위해 노력했어.

그리고 더 효과적으로 독립운동을 할 수 있도록 '연통제'라는 조직을 만들었는데, 연통제는 임시 정부의 명령을 전달하는 비밀 행정 조직이야. 쉽게 말하면 지금의 시청, 구청, 주민센터 같은 정부 조직을 만든 것이었다고 할까. '연통제'를 통해 중국에 있는 임시 정부와 국내를 연결하고자 한 거지.

도산 안창호 선생의 주도로 1919년 7월에 조직된 연통제는 함경도와 평안도 일대에서 면 단위까지 조직되었는데 조직원 한 명이 체포되어 관련 서류를 빼앗기면서 그 모습이 드러났다고 해.

일제는 수사망을 총동원하여 함경북도와 평안북도의 연통제 조직을 찾아내 주동자 '김린서'와 '박원혁' 등 관련자 수십 명을 체포했어. 그런데 재판에 선 독립운동가들은 재판정에서 대담하게 호통을 치며 일본의 잘못을 낱낱이 지적했어. 이에 총독부는 연통제를 큰 위협으로 생각하여 관련자들에게 중형을 선고하고 서대문형무소 등에 가두었단다.

 여기에 나오는 '박원혁' 지사가 내 아버지란다.

 정말이요?

 어쩐지 할머니께 이 이야기를 들으니 더욱 생생하더라니까!

 나는 이분들의 재판 기록을 보고 눈물을 감출 수가 없었단다. 어찌나 당당하고 논리적으로 재판장과 일본을 꾸짖던지…….

 일제가 얼마나 당황했을지 상상이 가요.

 안 그래도 삼일 운동으로 크게 놀랐을 일본이 당황한 건 당연한 일이었을 거야.

> 박 작가 한마디
>
> 당시 <동아일보>는 '세상을 크게 놀라게 한 연통제'라는 제목의 기사에서 "온 세상 사람의 이목을 놀라게 하고 더욱이 당국자의 간담을 서늘하게 했다."라고 보도했다.

## 55. 간도에서 조선인을 학살하고 마을을 폐허로 만든 죄

일제는 청산리와 봉오동 전투에서 홍범도와 김좌진 장군이 이끄는 독립군에게 큰 패배를 당했어.

일제는 독립군을 토벌하려고 했지만 독립군은 이미 자취를 감춘 뒤였지. 그러자 일제는 독립군에게 도움을 주었던 조선인 마을에 보복 공격을 감행한단다. 1920년 10월부터 다음 해 4월까지 이루어진 이 보복으로 인해 무려 3,600명의 조선인들이 사망하고 3,500채의 집, 60여 개의 학교와 교회 등이 파괴되었어.

일본의 토벌대 3개 사단이 동원된 이 무자비한 학살을 '간도참변' 또는 '간도대학살'이라고 해.

학살 장면을 목격한 미국인 선교사는 "피에 젖은 만주 땅이 바로 저주받은 인류 역사의 한 페이지다."라고 했는데 당시의 상황이 얼마나 참혹했는지 알 수 있는 말이란다.

## 56. 강우규 의사를 사형시킨 죄

1919년 9월 2일, 신임 총독 사이토 마코토는 서울 남대문 역에 도착했어. 총독이 역에서 나와 마차에 오르는 순간 폭탄이 날아왔지. 이때 폭탄을 던진 사람이 64세의 강우규 의사였단다. 이 사건으로 일본인 기자 2명이 사망하고 30여 명이 중경상을 입었지만 정작 사이토 총독은 살아남았어.

강우규 의사는 안중근 의사의 의거에 감명을 받아 의거를 일으켰다고 말했어. 의거 후 많은 나이 탓에 별다른 검문을 받지 않고 자리를 피했지만 2주 후 조선인 경찰 '김태석'에 의해 결국 체포당했고 1920년 11월 29일 사형당했어.

재판에서 사형 선고를 받고 집행을 앞둔 강 의사는 아들에게 이런 말을 남겼어.

"내가 죽는다고 조금도 어쩌지 말라. 내 평생 나라를 위해 한 일이 아무것도 없음이 도리어 부끄럽다. 내가 자나 깨나 잊을 수 없는 것은 우리 청년들의 교육이다. 내가 죽어서 청년들의 가슴에 조그마한 충격이라도 줄 수 있다면 그것은 내가 소원하는 일이다."

> **박 작가 한마디**
>
> 재판 과정에서 이유를 묻자 "총독을 처단하려 한 것은 정의와 인도에 입각하여 동양 평화를 위함이다."라고 당당히 대답했다. 당시로선 고령이었던 그를 우리는 '백발 청년 강우규'라고 부른다.

## 57. 사직단을 훼손하고 공원으로 만든 죄

조선은 한양 도성을 만들며 경복궁을 중심에 두고 동쪽에는 '종묘' 서쪽에는 '사직단'을 지었단다. '종묘'는 역대 왕의 위패를 모신 곳이고 '사직단'은 토지와 곡식의 신께 왕이 제사를 지내는 곳인데 조선 왕조는 이 두 곳을 목숨보다 중요하게 생각했지. 그런데 일제는 1922년 사직단을 철거하고 그곳을 공원으로 만들어 버렸어.

사직단은 임진왜란 때도 한양으로 들어온 왜군에 의해 불타 버린 적이 있었어. 왜군의 후손에 의해 두 번째 큰 고난을 겪은 셈이지.

> **박 작가 한마디**
>
> 사직단 인근에는 단군을 기리는 '단군성전'이 있었는데 일제는 이 역시 훼손하고 자신들의 조상신을 모시는 신사로 만들었다. 다행히 현재는 신사와 공원 모두 철거되고 사직단과 단군성전이 복원되어 있다.

## 58. 관동대지진 때 조선인을 학살한 죄

1923년 9월 1일, 일본의 도쿄를 중심으로 관동 지방에 진도 7.9의 큰 지진이 발생했는데, 목조 건물이 많은 곳이라 큰 화재로까지 이어져서 무려 14만 명이 사망했어.

그런데 큰 혼란에 빠진 일본 사회에 '조선인이 불을 질렀다, 조선인이 우물에 독을 탔다'라는 말도 안 되는 유언비어가 퍼졌어. 이에 일본인 자경단이 조선인들을 찾아내어 학살을 하기 시작했는데, 〈독립신문〉 특파원의 조사에 의하면 도쿄에서 752명, 가나가와현에서 1,052명, 사이타마현에서 239명, 지바현에서 293명 등 일본 각지에서 총 6,661명의 조선인이 살해당했다고 해.

이 사건을 '관동대학살'이라고 하지. 그런데 정말 놀라운 것은 이 유언비어의 출처가 바로 일본 정부라는 거야. 그래서 학살이 가장 먼저 시작된 도쿄와 가나가와현에서는 군대와 경찰이 중심이 되어 폭력을 휘두르기도 했어. 일본이 만든 헛소문 때문에 우리나라 사람들이 학살의 피해자가 되고 말았단다.

## 59. 과도한 소작료로 조선의 농민을 수탈한 죄

땅을 빌려 작물을 심고, 수확하는 대가로 땅 주인에게 작물의 일부를 내는 것을 소작료라고 해. 조선 시대에는 보통 수확한 작물의 절반 정도를 소작료로 냈어. 하지만 소작 농민 입장에서는 수확 작물의 절반을 내는 것도 부담스러웠지. 그런데 일제의 토지 조사 사업 이후 소작료가 더 올랐단다. 그뿐 아니라 예전엔 땅 주인이 부담하던 땅에 대한 세금은 물론이고 농사에 필요한 각종 비용들을 소작 농민들에게 부담시켰어. 그러니 농민들의 불만이 높아만 갔지. 하지만 여기에 불만을 표시하는 소작 농민은 즉시 땅을 빼앗기게 되니 어쩔 수 없이 그 비용을 감당해야 했어.

## 60. 산미증식계획으로 조선인을 굶주리게 한 죄

일제는 1920년부터 세 차례에 걸쳐 조선의 쌀 생산량을 늘리려는 계획을 발표하는데 이것이 '산미증식계획'이야. 조선의 쌀 생산량이 늘어나면 조선인

에게 좋을 것이라고 생각할 수 있지만 그렇지 않았어.

산미증식계획은 일제가 조선을 일본의 식량 공급지로 만들기 위한 정책이야. 우리의 식량 문제를 해결하고자 한 것이 아니라 공업화로 쌀이 부족해진 일본을 위한 계획이었거든. 땅과 작물 품종의 개량 등에 쓰인 비용을 조선 농민들에게 부담하게 했고, 그렇게 수확이 늘어난 쌀은 모조리 일본으로 수출되었어. 국내에는 되레 쌀이 부족해지고 쌀값이 올라 가난한 조선인은 굶주리게 된 것이지.

조선의 쌀이 일본으로 수출되니 우리에게 좋은 것 아닌가요?

일본의 쌀값이 비싸니 값싼 조선 쌀을 수출하여 일본의 쌀값을 안정화시키는 데는 좋을지 몰라도 조선에는 쌀이 부족해지고 쌀값이 오르니 사람들은 굶주릴 수밖에 없었지.

그래도 쌀을 많이 팔 수 있으니 좋았을 것 같은데요.

그 이익은 모두 일부 대지주와 일본인 농장주들에게 돌아가 그들만 큰돈을 벌었단다.

### 박 작가 한마디

품질 좋은 조선 쌀이 일본으로 유입되자 일본 내 쌀값은 떨어졌고 그로 인하여 일본의 농민들도 큰 피해를 겪을 수밖에 없었다고 한다. 그 시절은 힘없는 사람들에겐 가혹하기만 했다.

## 61. 조선사편수회를 만들어 우리 역사를 왜곡, 조작한 죄

일제는 우리의 역사마저 왜곡하는데 그 대표적인 사례가 '조선사편수회'를 통한 역사서 발간 사업이란다. '조선사편수회'는 1925년 일제가 한국사를 연구한다며 조선 총독부 부설로 설치한 한국사 연구 기관이야.

'조선사'를 정립한다면서 발간한 역사서는 왜곡과 조작투성이였어. '고조선' 그러니까 '단군조선'의 역사를 부정하고 고대 일본이 한반도의 남쪽을 지배했다는 '임나일본부설' 등을 주장했지.

주로 우리의 역사에서 우수하고 자랑할 만한 성과들은 축소시키고 당파 싸움 등 부정적인 면을 부각시켰어. 조선은 망할 수밖에 없었다는 논리를 펼치는 데 주력했던 거야.

 어쩌면 내가 역사를 공부하게 된 계기도 일본의 역사 왜곡에 있었는지도 모르겠다.

 왜요?

 어릴 적 학교에서 배운 조선 역사와 아버지께 들은 조선 역사가 달랐거든.

 일본이 우리 역사까지 왜곡했다는 것은 오늘 처음 알았어요.

 일본은 우리의 정신과 뿌리마저 지배하려고 했어. 그들의 목적은 고대로부터 역사를 왜곡하여 조선인을 일본인보다 열등한 존재로 만들고 일본이 조선을 지배하는 게 정당하다는 논리를 펼치는 것이었어.

## 62. 육십만세운동을 탄압한 죄

1926년 대한제국의 마지막 황제, 순종의 장례일이었던 6월 10일, 서울 한복판에서는 삼일 운동 이후 최대 규모의 만세 운동이 일어났어. 그것이 바로 '육십만세운동'이란다.

독립운동을 주도할 만한 사람들이 죄다 잡혀가자 학생들이 주동하여 전국적으로 퍼진 만세 운동으로, "대한 독립운동자여, 단결하라! 납세를 거부하자! 일본 물자를 배척하자!" 등의 구호를 외쳤다고 해.

놀란 일제는 대규모 탄압 작전을 펼쳤고 이들의 폭력에 수많은 부상자들이 발생했어. 그리고 서울에서 210여 명, 전국적으로 1,000여 명의 어린 학생들이 체포되었어. 하지만 그 열기는 오히려 전국 곳곳으로 퍼져 여러 학교에서 동맹 휴학이 이어졌단다.

## 63. 광주학생운동을 탄압한 죄

1929년 11월부터 다음 해 3월까지는 학생들의 만세 운동이 전국에서 일어났는데 그 시작은 광주였지. 그래서 우리는 이 만세 운동을 '광주학생운동'

이라 부른단다.

이 사건의 시작은 기차 안이었어. 나주와 광주를 잇는 통학 기차였는데 일본인 남학생들이 광주여자고등보통학교 여학생을 희롱하였고, 이를 본 광주고등보통학교 남학생들이 이에 항의하면서 난투극으로 번지게 되었어. 그런데 일본 경찰은 일본 학생들의 이야기만 들어주고, 조선 학생들을 구타하기까지 했다고 해.

며칠 후 일본의 국경일 행사에 광주고등보통학교 학생들이 동원되었는데, 이들은 일본 국가 제창을 거부하고 시내에서 일본인 학생들과 또다시 충돌하였어. 그 과정에서 조선인 학생이 칼에 찔리는 사고를 당했고. 이에 광주 광주여자고등보통학교, 광주농업학교 학생들도 참여하는 대규모 시위가 벌어지는데 당황한 당국은 휴교령을 내리고 학생들을 잡아 가두었어. 하지만 '식

민지 노예교육의 철폐'를 요구한 학생들의 열기는 꺾이지 않고 오히려 전국으로 퍼져 나가게 돼. 다음 해에는 서울을 비롯하여 전국에서 동맹 휴업을 하며

일본 제국주의 타도를 외치는 운동이 일어났어. 이 운동으로 무려 582명이 퇴학당하고 2,330명이 무기정학, 1,642명이 체포되어 투옥당했단다.

 광주고등보통학교 남학생들 용기가 대단하네.
 여학생들이 희롱당하는 것을 보고 화가 나서 용기를 낸 거지.
 나라도 그랬을 거야.
 과연 네가 그랬을까?
 시퍼런 칼날 앞에서도 그 뜻을 굽히지 않은 우리 학생들이 모두 장하다는 생각이 드는구나.

> **박 작가 한마디**
> 4.19 혁명, 5.18 민주화 항쟁, 6.10 항쟁 등 현대사의 고비 고비마다 학생들이 희생을 감수하고 불의에 맞서 민주주의를 지켜낸 시작점은 아마도 광주학생운동이 아닐까.

## 64. 만보산사건을 조작하여 조선인과 중국인을 이간질한 죄

1931년 7월 2일 중국 만주 만보산 지역에서 조선인 농민과 중국 지주 사이에 일어났던 충돌 사건이 '만보산사건'이야.

당시 많은 조선인 농민들은 먹고살기 어려워진 조선을 떠나 만주로 이주했어. 그중 만보산 농장에 동원된 조선인이 일제 관료의 지시에 따라 수로 공사를 하던 중에 그 지역 지주들인 중국인으로부터 공사 중단 요구를 받게 돼. 일제 관료가 중국인 지주들에게 미리 수로 공사 허락을 받았으면 되었을 텐데, 그러지 않았던 거지. 이 과정에서 조선인과 중국인 간에 물리적 충돌이 발생하는데 다행히 일은 더 커지지 않고 잘 마무리되었어.

그런데 난데없이 국내 신문인 〈조선일보〉에 조선인이 중국인 지주에게 크게 피해를 당했다는 내용으로 이 소식이 실린 거야. 이에 화가 난 조선인이 국내에 거주하던 중국인을 습격하는 사건이 발생하게 돼.

나중에 조사를 해 보니 일제가 조작된 기사를 내보낸 것으로 밝혀졌어. 이 일로 무려 100여 명의 사람이 죽고 다수의 중국인 상점들이 파괴되었어. 이 모든 일은 중국과 조선 사이를 이간질하고, 나중에 일본이 만주를 침략하는 발판을 만들고자 했던 일본의 흉악한 계략이었던 거야.

> **박 작가 한마디**
>
> 조선 내 중국인 습격 사건이 중국 내에 알려지자 조선인은 만주와 중국에서 보복을 받게 되었는데 일제는 만주에 사는 조선인을 보호한다는 명분으로 군대를 보내기 시작한다. 이것을 일제의 만주 침략의 시작으로 보는 견해가 많다.

## 65. 이봉창, 윤봉길 의사를 사형시킨 죄

만주에서 일제의 세력이 커지면서 독립 운동의 힘이 약화되던 중에 두 열사의 폭탄 의거가 있었단다. 1931년 말 김구가 조직한 한인 애국단의 이봉창, 윤봉길 열사였지. 이봉창 의사는 1932년 1월 8일 동경에서 일왕 히로히토가 탄 마차에 폭탄을 던졌어. 마차가 뒤집혔지만 일왕은 다치지 않았어. 하지만 우리나라 안팎에 우리의 독립 의지를 밝히고 임시 정부의 존재를 알리는 큰일을 했지. 이봉창 의사는 그해 사형을 선고받고 10월 10일 순국했단다.

그리고 얼마 후 일본이 중국 상하이를 점령한 것을 축하하는 기념식에서 또 폭탄이 터지는 일이 발생해. 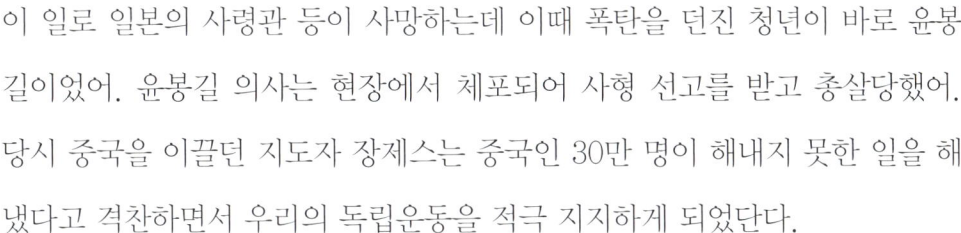이 일로 일본의 사령관 등이 사망하는데 이때 폭탄을 던진 청년이 바로 윤봉길이었어. 윤봉길 의사는 현장에서 체포되어 사형 선고를 받고 총살당했어. 당시 중국을 이끌던 지도자 장제스는 중국인 30만 명이 해내지 못한 일을 해냈다고 격찬하면서 우리의 독립운동을 적극 지지하게 되었단다.

윤봉길 의사의 폭탄 의거에 중국 사람들이 특히 감명받은 것 같아요.

 우리나라 사람들의 마음을 울린 것은 물론이고 당시 일본과의 전쟁에서 크게 패해 자존심이 무척 상해 있던 중국인에게 큰 자극이 되었다는구나.

 이 두 의거로 달라진 것이 무엇인가요?

 당시 임시 정부는 재정난은 물론이고 중국의 협조를 받지 못해 어려움을 겪던 중이었어. 그런데 이 두 의거로 인해 많은 문제들이 해소되었다고 하는구나. 두 분의 값진 희생 덕분이라고 할 수 있단다.

### 박 작가 한마디

우리의 대표적인 무장 투쟁 역사 중 하나는 1919년 김원봉이 주도한 의열단의 활약이다. 의열단은 총독부, 경찰서, 식산은행 등에 폭탄을 던졌고, 의열단 단장인 김원봉에게는 당시 최고 금액의 현상금이 걸렸다. 또한 김구의 한인 애국단 역시 총독과 주요 인물에 대한 암살을 지속적으로 시도했는데 이덕주, 유진식, 유상근, 최홍식, 김긍호 등이 이 일에 앞장섰다.

우리의 항일 투쟁은 크게 두 가지로 나눌 수 있는데 힘으로 맞서는 무장 투쟁 노선과 외교적 노력으로 광복을 이끌자는 외교 노선이다. 각각 특징과 장점이 무엇인지 생각해 보자.

## 66. 민족말살정책을 수립한 죄

일제는 조선을 영원히 식민지로 삼겠다는 목표를 세우고 우리의 민족의식 자체를 없애기로 계획했어. 우리의 민족정신을 말살하고 일본 제국의 백성인 '황국 신민'으로 만들기 위해 나온 정책이 '민족말살정책'이란다.

일본과 조선이 조상이 같다는 주장을 하기도 하고, 앞에서 언급한 조선사 편수회를 통해 역사를 조작하는가 하면 억지로 창씨개명을 강요하고 일본어 교과서 사용, 한국사 교육 폐지와 일본사 교육 등을 강요했어.

## 67. 신사 참배를 강요한 죄

일본은 그들의 조상이나 전쟁 영웅들을 신격화하여 기리는 신사를 조선 땅에 세워 조선 백성들에게 참배를 강요한단다.

그 시작은 1919년에 조선 신사를 만들고 난 후부터인데 이후 1925년에 남산에 대규모의 조선 신궁을 만들었지. 그리고 1930년대 들어 조선과 일본이 하나라며 신사 참배를 강요하기 시작했어.

일제는 신사 참배를 거부하는 학교는 모두 폐교시키겠다고 엄포를 놓았어. 그 후 전국에 신사를 짓기 시작했는데 그 수가 무려 854곳이나 되었다고 해. 학교에서는 참배를 거부하는 학생들을 체벌하고 직장에서는 직원을 해고하는 등 개인의 자유와 의사 따위는 개의치 않았지. 특히 신사에 절을 하는 행

위가 기독교의 교리와 맞지 않아 이를 거부하는 신자들이 있었는데 이에 일제는 200여 개의 교회를 폐쇄하고 50여 명의 신도들을 죽이기도 했어.

여성 목사인 최덕지는 한상동 목사, 주기철 목사 등과 함께 신사 참배 반대 운동을 벌이다가 투옥되었어. 그 후 주기철 목사는 잔혹한 고문을 받았고 옥중에서 병으로 세상을 떠났어.

## 68. 손기정의 가슴에 일장기를 달게 한 죄

1936년 8월 10일 손기정 선수가 베를린 올림픽 마라톤 경기에서 우승했다는 소식이 알려졌어. 같은 경기에 출전한 남승룡 선수도 3위를 차지했어. 그런데 손기정과 남승룡의 가슴에는 태극기가 아닌 일장기가 달려 있었고 시상식에도 일장기가 올라갔단다. 두 선수는 일본 선수단의 일원으로 올림픽에 참가했었던 거지. 당시 사진과 영상을 보면 시상식에서 내내 고개를 숙이고 있는 두 선수의 모습을 볼 수 있어.

이날 〈동아일보〉에는 일장기가 삭제된 두 선수의 사진이 실리는데 이것을 '일장기말소사건'이라 부른단다. 이 일로 〈동아일보〉는 무기한 정간을 당했고 이 일을 주도한 이길용 기자와 현진건 부장 등은 구속되었어.

한편 이 이후 일제는 〈동아일보〉와 〈조선일보〉의 보도에 사사건건 트집을 잡고 압력을 가했어. 두 신문은 결국 일제에 굴복하였고, 결국 친일 신문으로 탈바꿈하게 되었단다.

> **박 작가 한마디**
> 당시 올림픽에서 두 선수의 시상식 장면을 목격한 외국인 기자는 기쁨보다 슬픔에 찬 두 선수의 모습이 이상하다고 생각했는데, 훗날 그들이 조선인이었다는 걸 알게 된 기자는 그날의 일을 이해하게 됐다고 한다.

## 69. 생체 실험이라는 반인륜적 행위를 한 죄

지금까지 일제가 저지른 끔찍한 죄들을 알아보았지만 생체 실험은 그중에서도 아주 악질이라 이야기하기가 힘들구나. 이 역시 인류사에 오랫동안 남을 잔인하고 포악한 사건이지.

일제는 1933년 만주에 비밀 연구소를 설립하는데 이곳에서 인간을 대상으로 한 생체 실험을 했단다. 731부대라고 불린 이곳에서 다수였던 중국인을

비롯해 소련인과 조선인, 그리고 몽골인 등이 희생을 당했다고 해. 세균 무기를 개발하기 위해 인간에게 각종 세균을 주입하고, 살아 있는 사람의 팔을 얼려 동상 실험을 하는가 하면, 아이와 엄마에게 독가스를 마시게 하고 사망에 이르는 시간을 측정하는 등, 너무나 잔인하고 끔찍해서 설명하기조차 힘든 실험으로 수천 명의 사람들을 희생시켰단다.

일제는 최근까지도 이러한 사실을 숨겨 오다가, 2002년이 되어서야 인정했단다. 도쿄 법원은 731부대가 생체 실험에 종사했다는 사실을 인정했지만, 가혹 행위에 대해서는 사과도 조사도 없이 모른 척하고 있단다.

한편 731부대의 책임자와 간부들은 생체 실험 결과를 미 군정에 모두 넘기는 조건으로 어느 누구도 처벌받지 않았다고 해. 그뿐만 아니라, 이후 제약 회사를 차려 사회적으로 성공하였다고 알려졌단다.

> **박 작가 한마디**
> 일본의 아베 전 총리는 2013년 5월 13일, 항공자위대기에 탑승하여 사진을 찍었는데 그때 그 비행기에는 놀랍게도 생체 실험을 했던 부대를 연상시키는 '731'이란 숫자가 크게 적혀 있었다. 그간 그의 말과 행동을 볼 때 일본

> 제국주의 부활의 의미라는 추측이 설득력을 얻었다. 고의라면 도저히 용서할 수 없는 일이고 우연이었다면 주변의 아픔을 살피지 않는 어처구니없는 행동이라 할 수 있다.

## 70. 일본의 왕에게 충성을 강요한 죄

일제는 1937년 10월 2일부터 전국의 모든 학교에서 수업 전 '황국신민서사'를 외우면서 일본의 왕이 위치한 동쪽을 향해 인사를 하도록 강요했단다.
그 내용은 아래와 같아.

1. 우리는 황국 신민이다. 충성으로서 군국에 보답하리라.
2. 우리들 황국 신민은 서로 신애, 협력함으로 단결하리라.

어린이용으로는

1. 우리들은 대일본제국의 신민입니다.
2. 우리들은 마음을 합하여 천황 폐하께 충성을 다합니다.
3. 우리들은 인고 단련하여 훌륭하고 씩씩한 국민이 됩니다.

이 황국신민서사는 학교뿐 아니고 관공서나 직장에서도 일을 시작하기 전에 반드시 외쳐야 했단다.

할머니도 외우셨겠네요?

 물론이지. 이걸 안 하면 선생들이 매를 들었으니까.

 정말 너무하네요. 어린이들에게까지.

## 71. 고문으로 전향을 강요한 죄

1930년대 후반이 되자 일제는 조선의 지식인들과 독립운동가들을 친일 인사로 만들기 위해 갖은 계략을 꾸민단다.

비밀 고등 경찰, 헌병 스파이 등을 이용해서 은밀하게 회유하기도 하고, 독립운동으로 수감되어 있는 인사들을 고문해서 전향하라고 협박하기도 했어. 전향은 자신이 가지고 있는 이념을 바꾸는 걸 말해. 독립운동을 그만두고 일본에 협조하도록 강요한 거지.

1941년에는 '조선사상범예방구금령'이란 법을 제정해. 법 이름이 조금 길고 어렵지?

이 법은 치안유지법을 위반하여 처벌받은 사람(사상범)들에게 적용되었는데, 범죄를 다시 일으킬 우려가 있다는 판단만으로 사상범을 체포하고 가둘 수 있도록 한 거야. 사상범은 지금의 사회 체제에 반대하는 사상을 가지고 개혁을 하려는 죄를 지은 사람들을 말하는데, 당시 일제에게는 독립운동가들이야말로 지독한 사상범이었지. 그래서 이 법으로 인해 독립운동가들은 큰 고통을 받았어.

## 72. 학교에서 조선어 교육을 폐지시킨 죄

일제는 1938년에 시작된 3차 교육령에서 조선어를 선택 과목으로 만들어 버렸단다.

일본어는 필수 과목이고, 조선어는 선택 과목이라 학생들은 학교에서 조선어를 배우기 어려웠어. 그마저도 1943년 4차 교육령에서는 조선어 수업을 완전 폐지시켜 버리고 말지.

그런데 조선어 수업 폐지는 단순히 수업 하나를 없애는 간단한 일이 아니었어. 곧이어 일제는 일상에서조차 조선어를 사용하는 것을 완전히 금지시켰어. 조선인의 민족정신을 말살하려는 의도를 노골적으로 드러낸 것이었단다.

 재미있는 얘기 하나 해 줄게. 1980년대에 일본에는 한국 여행 붐이 일어나 많은 일본 관광객들이 한국으로 왔단다. 그런데 그들이 깜짝 놀랄 만한 일이 있었어. 그게 뭐냐 하면 한국 어른들이 일본어를 너무 잘하는 거야.

 어릴 적에 학교에서 일본어만 쓰게 해서 그랬군요.

 그렇지. 일본어를 못하면 선생들에게 매를 맞곤 했으니 모두 잘할 수밖에. 그 사정을 모르는 일본인은 한국인들이 모두 일본어를 자발적으로 공부한 것으로 알더구나.

 이 또한 가르치지 않아서 생긴 일이네요.

> **박 작가 한마디**
>
> 4차 교육령으로 초등학교의 명칭이 국민학교로 바뀌는데 그것은 '황국신민학교'의 약자였다. 국민학교라는 명칭은 1996년에서야 초등학교로 바뀌는데 아직도 어른들 중에는 국민학교라고 말하는 사람이 많다. 또 우리가 쓰는 말 중에 일본어에 뿌리를 둔 말도 꽤 많이 숨어 있다. 일제가 심어 놓은 잔재가 얼마나 깊게 뿌리 내렸는지 알 수 있는 대목이다.

## 73. 조선어학회를 강제로 해산시킨 죄

한글학자인 주시경 선생은 임경재, 장지영 등과 함께 1921년 12월 3일 우리말의 연구, 발전을 목적으로 조선어연구회를 조직했어.

'조선어연구회'는 1931년 '조선어학회'로 이름을 바꾸고 '한글 맞춤법 통일안'과 '표준말 모음'을 제정하고 외래어 표기법도 정하는 등 활발한 활동을 펼쳤어.

일제는 1942년 조선어학회를 민족주의 단체로 규정하고 독립운동이 목적이라며 이중화, 장지영, 최현배 선생님 등 33명을 체포하고 조선어학회를 강제로 해산시켜 버려.

이 일로 '이윤재'와 '한징' 선생은 재판도 받기 전에 혹독한 고문과 추위, 굶주림으로 감옥에서 숨을 거두고 다른 분들도 징역을 선고받고 감옥에 갇힌단다.

> **박 작가 한마디**
>
> '조선어학회'는 우리말 사전을 준비하고 있었는데 학회 구성원 33명이 체포되면서 사전 편찬 사업이 중단되었다. 해방 이후인 1947년에 서울역에 있는 한 창고에서 조선말 큰사전 원고가 우연히 발견되었고, 이를 바탕으로 해서 1957년 『조선말큰사전』(6권)이 완성될 수 있었다. 이 내용은 영화 <말모이>에 실감나게 표현되어 있으니 한번 보기를 권한다.

## 74. 창씨 개명을 강제한 죄

일제는 1939년 11월 '창씨개명령'을 공포하고 조선인에게 조선 이름을 버리고 일본식 이름으로 개명할 것을 강제한단다. 대다수의 조선인은 창씨개명에 반대하였지만 일부 친일 인사들은 시범적으로 창씨개명을 서둘러 사람들에게 비난을 받기도 했어. 하지만 일제는 창씨개명을 하지 않은 사람에게는 식량과 물자 배급은 물론 학교의 입학과 진학을 금지시키고 취업도 하지 못하게 했어. 그러니 창씨개명을 하지 않고 버티기 힘들었단다.

 세상에, 이름과 성을 바꾸라고 강요하다니 말도 안 돼.

 할머니도 일본 이름이 있었나요?

 부끄럽지만 있었단다. 일본 이름이 없으면 학교에 다닐 수도 없었거든. 비록 어린아이였지만 그때 조금 더 저항을 했다면 지금 후회가 없었을 거라는 아쉬운 생각이 드는구나.

> **박 작가 한마디**
>
> 사실 일제는 그동안 식민 지배를 하는 사람과 지배를 받는 사람을 구분하는 차별 정책으로 조선인이 일본식 이름을 쓰는 것을 금지시켜 왔다. 하지만 조선인의 민족정신을 완전히 없애 버리고, 전쟁 중에 필요한 노동력, 자원 등을 쉽게 이용하기 위해 창씨개명을 강제했다.

## 75. 소록도에서 생체 실험으로 한센병 환자를 죽인 죄

앞에서 만주에 있었던 731부대의 끔찍한 생체 실험에 대해 이야기했던 것 기억하고 있지? 그런데 그런 일은 소록도에서도 있었다고 해.

소록도는 한센병 환자들이 강제로 격리되어 있던 곳이야. 훗날 일본인 인권 운동가가 소록도에서도 생체 실험이 있었다고 밝혔어. 그에 의하면 환자 20여 명이 일본인 의사로부터 알 수 없는 주사를 맞았는데 머리에 경련을 일으키는 증상을 보이며 모두 사망했다고 해. 그리고 사체는 해부용으로 쓰였고. 아마도 그 주사의 반응을 알아보기 위해 소록도 환자들을 대상으로 생체 실험을 했던 것 같아.

그뿐만 아니라 소록도에서 환자들은 아무 이유도 없이 폭행을 당하고 강제 노동을 해야 했어. 병원 측은 환자들로부터 거둔 돈으로 일본인 병원장의 동상을 세우기도 했다는구나.

## 76. 간도특설대를 만들어 독립군을 탄압한 죄

조선인을 조선인의 손으로 잡게 하겠다며 만든 부대가 악명 높은 '간도특설대'란다. 1938년에 창설된 이 부대는 대부분 조선인으로 구성됐다고 해. 이 부대가 잔인하다는 소문은 만주 지역에서 널리 퍼져 있었다는데 독립군뿐만 아니라 민간인들에게까지도 잔혹한 행위를 서슴지 않았다고 하는구나.

자신들의 일본에 대한 충성심을 나타내기 위해 더 잔인하게 행동하지 않았을까 싶어.

일본이 패망한 1945년까지 활동한 이 부대는 주로 조선, 중국 연합군과 중국 공산당의 팔로군과 전투를 벌였다고 해.

> **박 작가 한마디**
>
> 식민지의 잔재는 군대에서도 살아남았다. 해방 후 우리 군대에서 일본군 출신은 물론이거니와 '간도특설대' 출신 인사들이 고위직을 차지했다. 육군참모총장 백선엽, 해병대사령관 신현준 등이 대표적인 인물이다. 이들은 한국전쟁 때 큰 공을 세우긴 했지만 아쉽게도 자신들의 과거를 참회하지 않고 세상을 떠났다.

## 77. 전쟁 헌금을 강요한 죄

일제는 만주를 침략한 후 조선을 그들의 전쟁을 지원하기 위한 기지로 만들어 버렸어. 심지어 침략 전쟁을 위한 돈이 부족해지자 갖은 방법으로 전쟁 헌금을 강요하기에 이르는데 그 대표적인 것이 '국방헌납운동'이야. 특히 친일파들을 앞세워 이 운동을 조선인 스스로가 벌인 운동인 것처럼 포장했지. 어린 학생들부터 농민, 부녀자에게도 강제로 전쟁 헌금을 거두어 갔어.

그리고 1930년대 후반 대륙 침략과 태평양 전쟁이 본격화되자 일제는 '국가총동원법'을 제정하여 조선의 모든 것을 빼앗아 가는 데 힘을 쏟았어. 하나씩 살펴보자꾸나.

## 78. 조선을 침략 전쟁의 한가운데로 내몬 죄

일제는 1938년 조선의 인력과 자원을 자신들의 침략 전쟁에 강제적으로 동원하기 위해 '국가총동원법'을 제정하고 조선을 전쟁의 소용돌이 속으로 끌고 들어갔어. 조선인은 물품 공장에서 하루 종일 쉬는 시간 없이 노동을 해야 했고, 학생들은 송진을 캐기 위해 뛰어다녀야 했어.

그리고 조금이라도 전쟁에 비협조적인 주민들을 서로 고발하게 하고 한 집이라도 적발되면 모두에게 책임을 물었어. 법적 책임은 물론이고 배급에서도 함께 불이익을 당했지.

송진이 뭐예요? 그게 왜 필요했던 거죠?

송진은 소나무에서 흘러나오는 액체인데 이것을 활용해 연료로 사용했단다. 군대에 석유가 부족하니 학생들마저 동원한 거지.

할머니도 하셨어요?

그럼, 맨날 산에 가서 송진을 캐 오라고 강요했는데 조금이라도 모자라면 선생들에게 심하게 혼나곤 했단다.

> **박 작가 한마디**
>
> 생필품을 생산해야 할 공장에서 군수 물자만 생산했으니, 사람들은 생필품과 식량 등 모든 것이 부족해서 하루하루 사는 게 힘들었다.

## 79. 조선의 청년들을 강제로 끌고 간 죄

1939년 7월에는 일제가 '국민징용령'을 시행했단다. 징용은 전쟁에 필요한 노동력을 강제로 동원한다는 뜻인데, 초기에는 희망자만 모집하긴 했었어. 하지만 총독부가 직접 모집했다는 걸로 보아 강제 동원과 큰 차이가 없었을 거야. 그러다 전쟁이 한참 진행 중이던 1944년에는 사람들을 강제로 끌고 갔지. 조선인은 일본과 중국, 동남아시아의 탄광, 광산, 수력 발전소, 비행장 등의 어렵고 위험한 건설 공사에 주로 동원되었어. 임금을 제대로 받지 못했을 뿐 아니라, 비인간적인 환경에서 먹지도 쉬지도 못하고 일만 해야 했어.

위험한 현장에서 사고로 목숨

을 잃거나 부상을 당하는 일은 수없이 많았고, 관리자들의 차별과 멸시를 견디지 못하고 도망치는 사람도 많았어. 1939년부터 1945년까지 무려 22만 명이 도주를 시도했다고 해.

 할머니! 이 이야기는 뉴스에서 본 적 있어요.
 저도요. 재판에서 이겼다고 들은 것 같은데.
 그래. 얼마 전 강제 동원 피해자들이 일본 기업들을 상대로 한 재판에서 승소했지.
 그래서 피해 보상을 받으셨나요?
 아직이란다. 일본 정부와 기업들이 재판 결과를 받아들이지 않았어. 일본은 1965년에 있었던 '한일청구권협정'으로 배상이 모두 끝났다고 주장하고 있지. 하지만 개인의 손해 배상은 이루어지지 않았어.
 그럼 어떡해요?
 우리 정부는 일제강제동원피해자지원재단을 통해 배상금을 지급하겠다는 입장이야. 1965년 한일청구권협정의 혜택을 입은 한국 기업들이 기부금을 내고 일본 기업들의 참여도 유도하겠다는 거야. 하지만 아직 확정된 의견도 아니고 이에 반대하는 의견도 많단다.
 할머니 생각이 궁금해요.
 정부는 일본과의 우호 관계를 위해 이러한 제안을 한 것 같은데 강제 동원 자체를 인정하지 않는 일본을 생각하면 과연 무슨 소용이 있을까 싶구나.

> **박 작가 한마디**
>
> 당시 조선인이 강제 노동을 했던 곳들 중 가장 악명 높은 곳이 '아소광업' 소유의 탄광들이었고 이 기업은 조선인 강제 징용자들을 이용하여 거대 재벌로 성장했다. 일본의 총리를 역임하고 현재 집권당인 자유민주당의 부총재인 '아소 다로'가 바로 그 아소그룹의 후손이다.

## 80. 강제로 쌀을 걷어 백성들을 굶주리게 한 죄

일제는 전쟁 중 식량을 확보할 목적으로 1940년부터 쌀의 공출 제도를 시작했어. 공출은 농업 생산물 등을 국가에 주는 것을 말해. 원래는 쌀을 가져가는 대가로 돈을 주기로 했지만 실제로 농민들의 손에 들어가는 돈은 매우 적었다고 해.

과도한 공출로 인해 식량이 부족해지자 일제는 식량 소비를 통제했어. 총독부가 발행한 식사권이 없으면 식당에서 식사조차 할 수 없었고, 저장된 식량이 떨어지는 봄철에는 식물의 뿌리나 나무껍질을 벗겨 먹어야 할 정도로 상황이 심각했다고 해.

일제는 1940년부터 1945년까지 쌀 생산량의 40~60퍼센트를 강제 공출했어. 지금이야 밀가루로 된 음식이 많지만 그때는 모두가 삼시세끼로 쌀을 먹어야 했으니, 그 당시 사람들이 얼마나 굶주렸을지 상상하기도 힘들단다.

## 81. 신문을 강제로 폐간시킨 죄

신문을 검열하며 언론의 자유를 빼앗아 왔던 일제는 1940년에 결국 하나의 도에 하나의 신문사만을 남긴다는 정책을 만들어 여러 신문사를 강제로 폐간시켜 버려.

〈조선일보〉와 〈동아일보〉도 이 시기에 폐간되었단다. 폐간 이유는 여러 가지가 있는데 그중 한 가지는 조선인이 만드는 신문이 일제가 우리의 민족정신을 말살하는 데 방해가 되었기 때문이었다고 해.

> **박 작가 한마디**
>
> 폐간의 대가로 동아일보는 50만 원, 조선일보는 80만 원을 받았다는데 당시 일본군의 전투기 한 대가 10만 원이었던 것을 생각하면 이는 상당히 큰 돈이었다. 그 돈들은 그간 총독부 정책에 협력적이었던 신문사 사장들에게 보답하는 차원으로 지급되었다.

## 82. 윤세주 열사를 죽게 한 죄

너희들이 윤세주 열사에 대해서는 잘 모를 것 같아서 이분의 이야기를 하고 싶었단다.

윤세주 열사는 열아홉에 고향 밀양에서 만세 운동을 주도했고, 만주로 건너가 신흥무관학교를 졸업했어. 그는 고향 선배인 김원봉이 조직한 '의열단'의 일원이 되어 그와 평생을 같이 했어. 국내로 잠입한 열사는 거사를 도모하다 경찰에 체포되어 약 7년 동안 감옥살이를 한 다음 다시 만주로 가. 이번에는 군사 조직인 '조선의용대'를 조직하여 일본군과 정면 대결을 펼쳤지. 때로는 최고의 이론가로, 때로는 용감한 군인으로 각종 전투를 치르던 열사는 전투기까지 동원한 일본군 40만여 명과 1942년 5월 중국 태행산에서 결전을 펼치다가 그만 일본군에 포위되는 위기를 맞고 말았어.

'진광화', '최채'와 함께 중국군이 포함된 연합군을 탈출시키는 역할을 맡았던 열사는 일본군을 온몸으로 막아서며 결국 연합군 본대를 안전하게 탈출시키는 데 성공하지만 끝내 자신의 목숨은 구하지 못했어. 열사는 그와 뜻을 함께했던 '진광화' 열사와 함께 1942년 6월 3일 이국땅에서 전사하고 만단다.

> **박 작가 한마디**
> 조선의 수많은 이름 없는 청년들이 만주에서 조국의 독립을 위해 싸우다가 목숨을 잃었다. 다른 나라에서 추위와 싸우고 배고픔을 견디며 독립을

위해 힘을 보탰는데 무덤도 없이 세상에서 사라졌다. 이들이 한 일을 찾아 밝히고 예우하는 일은 후세가 반드시 해야 할 일이다.

## 83. 금속회수령으로 온갖 쇠붙이들을 빼앗아 간 죄

일제는 1940년대 초 '금속회수령'이라는 해괴한 명령을 내려 온갖 금속류들을 빼앗아 갔어.

가정의 쇠그릇, 사찰과 교회의 종, 동상, 철도의 레일을 걷어가는 건 물론이고 각 가정의 숟가락, 젓가락은 물론 요강까지 빼앗아 갔다고 해.

 대체 쇠붙이들은 왜 빼앗아 간 거죠?

 전쟁을 하려다 보니 금속류가 부족했거든. 그 쇠붙이들을 녹여서 총이나 대포 같은 걸 만들려고 그랬지.

 아무리 그래도 숟가락, 젓가락도 빼앗아 가다니. 정말 탈탈 털어 갔군요.

## 84. 조선 청년을 강제로 전쟁에 내보내 죽음으로 내몬 죄

태평양 전쟁이 점점 자기들에게 불리하게 흘러가자 일제는 조선 청년들을 전쟁터에 내보내기 위해 징병제를 실시해. 1938년부터 친일파들은 물론이고 관공서, 학교까지 총동원되어 청년들의 지원을 부추겼어. 1944년에는 강제 징병제를 실시하여 약 20만 명의 조선 청년들을 일제의 육해공군에 배치하여 희생물로 삼는단다.

일제는 강제 징병의 대상이 아니었던 학생들마저 학병제도를 통해 전쟁터에 내보냈다고 해.

 자기들 전쟁에 우리 청년들을 내보내다니 어처구니가 없네요.

 차라리 독립군으로 갔으면 억울하지나 않았을 텐데.

 그중엔 장준하 선생같이 일본군을 탈출해 독립군이 되신 분도 꽤 있단다. 명분 없는 전쟁에 목숨을 걸고 싶은 사람이 누가 있겠니?

 할머니! 대체 전쟁터에 나가라고 부추겼던 친일파들은 누구죠?

 당시 유명하던 인사들 중 많은 친일 인사들이 전쟁에 지원하라고 연설했단다. 그중엔 반성한 사람도 있지만 최후까지 변명으로 일관한 사람도 꽤 있지.

 끝까지 조금도 반성하지 않다니, 분명 벌 받을 거예요!

> **박 작가 한마디**
>
> 학도병 지원을 홍보하고 부추긴 유명 친일 인사들 중에는 소설가 이광수, 이화여자대학교 총장 김활란, <조선일보> 사장 방응모 등이 대표적이다.

## 85. 비밀 명령으로 역사 기념물을 파괴한 죄

일제는 1943년에 오래된 비석 철거 명령을 내려 우리의 얼이 담긴 귀중한 비석들을 흔적조차 남기지 않고 파괴했단다.

특히 지난날 일본의 침략에 맞서 싸운 우리 조상을 기리는 비석들을 골라 철저히 파괴했어. 얼마나 많은 비석을 없앴는지는 정확히 알지 못해. 그중 알려진 것으로는 고려시대 때 이성계가 왜구를 무찌른 것을 기념하는 '황산 대첩비', 임진왜란이 끝나고 만들어진 '행주 전승비', '조헌 장군 전장기적비', '사명대사 석장비', '이순신 장군 신도비' 등이 있어. 특히 이순신 장군 기념비들은 거의 다 파괴해 버렸다고 하는구나.

## 86. 조선 여성을 납치 및 유인하여 일본군 '위안부'로 동원한 죄

일제가 침략 전쟁 기간에 군 위안소를 만들어 여성들을 성 노예로 삼은 일은 인류 최악의 전쟁 범죄라 할 수 있어. 일제는 조선 소녀들, 젊은 여성들에게 간호사가 될 수 있다거나 공장에 취업시켜 주겠다며 거짓말로 그들을 유인했어. 그뿐만 아니라 유괴, 납치, 협박 등 다양한 방법으로 여성들을 전쟁터로 끌고 갔단다.

이 일은 피해자들이 피해 사실을 감추었고 일본이 철저히 숨겨 왔기 때문에 잘 알려지지 않았단다. 그런데 1991년 김학순 할머니가 '위안부'로 끌려가서 입었던 피해 사실을 공개적으로 증언하면서 세상에 알려졌어. 그 후로 많은 국내외 피해자들의 증언이 잇따랐고, 일본인 관련자들도 입을 열었지. 공식적인 문서 등의 증거들도 하나둘 발견되었고. 결국 일본 정부는 일본군 '위안부'의 존재를 인정할 수밖에 없었어.

하지만 일본이 진정한 의미의 사과와 반성을 했다고 보기엔 힘든 점이 많구나.

사과를 했다고는 하지만 강제 동원을 인정하지 않는다거나, 오늘날에도 일본군 '위안부' 소녀상 건립을 방해하는 등 그들의 진정성을 의심하게끔 행동하고 있단다. 일본에게는 시간이 많이 남지 않았어. 일본군 '위안부' 할머니들이 세상을 많이 떠났고 생존해 있는 분들이 많지 않아.

서두르지 않으면 일본은 직접 사죄할 기회를 영원히 가질 수 없게 돼.

> **박 작가 한마디**
>
> 일본군 성 노예 피해자는 조선은 물론이고 중국과 인도네시아, 네덜란드 등 여러 나라에 걸쳐 무려 20여만 명에 이른다. 얼마 전에 또 우리나라 위안부 할머니 한 분이 일본의 사과를 받지 못하고 세상을 떠났다. 이제 남은 한국인 생존자는 모두 9명이다.(2024년 1월 기준)

## 87. 시인 이육사를 옥사하게 한 죄

많은 유명 작가들이 친일 작가가 되어 민족을 배신했지만, 암울한 일제 강점기에도 문학을 통해 사람들에게 민족의식을 심어 준 시인들이 있었어. 그 중 민족 시인 이육사에 대해 이야기해 볼게.

1927년 10월에 조선은행 대구 지점에 폭파 사건이 일어나. 폭파 사건 관련자 이원록은 형제들과 체포되어 옥살이를 했는데 그때 그의 수형 번호가 '264'번이었지. 그 후로 이원록은 '이육사'를 필명으로 사용했어. 그는 무려 17번이나 감옥에 갇혔던 애국 투사이자, '광야'라는 시를 조국에 바친 애국 시인이었지.

1944년 1월 16일, 결국 그는 감옥에서 세상을 떠났어.

**광야 / 이육사**

까마득한 날에 / 하늘이 처음 열리고 / 어데 닭 우는 소리 들렸으랴

모든 산맥들이 / 바다를 연모해 휘달릴 때도 / 차마 이곳을 범하던 못하였으리라

끊임없는 광음을 / 부지런한 계절이 피어선 지고 / 큰 강물이 비로소 길을 열었다

지금 눈 내리고 / 매화 향기 홀로 아득하니 / 내 여기 가난한 노래의 씨를 뿌려라

다시 천고의 뒤에 / 백마를 타고 오는 초인이 있어 / 이 광야에서 목 놓아 부르게 하리라

## 88. 징용선 피격 사건으로 조선인을 죽게 한 죄

1944년 7월 9일 강제 징용선 '타이헤이마루 호'가 쿠릴 열도 호로무시로 섬 앞 바다에서 미 해군의 공격으로 침몰하는 사건이 발생해. 여기 타고 있던 조선인은 대부분 강원도와 황해도 출신으로 일본의 최북단 섬에 들어설 비행장 건설을 위해 징용된 사람들이었어.

배에 타고 있던 사람의 수는 정확히 알려지지 않았지만 진상규명위원회의 조사에 따르면 400여 명이 희생되었다고 해. 희생된 사람들은 자신들이 어디로 가는지도 모른 채 강제로 배에 올랐을 거야. 이 사건 역시 묻혀 있다가

1980년대 중반에서야 세상에 알려졌는데 아직도 진심 어린 사과와 피해 보상은 이루어지지 않고 있단다.

> **박 작가 한마디**
>
> 일본은 이 사건으로 182명이 사망했다고 했다. 우리 측 진상규명위원의 기록과는 큰 차이를 보이고 있는 것이다. 또한 일본 측으로부터 입수한 자료에 따르면 타이헤이마루 호 이외에 6척의 징용선이 미군에 의해 침몰되었다고 한다. 이처럼 아직까지 진상이 밝혀지지 않은 일이 많이 있을 것이다. 결국 진정한 사과는 진상을 밝히려는 노력에서부터 시작되어야 한다.

## 89. 윤동주 시인을 죽게 한 죄

1945년 2월 16일, 후쿠오카 형무소의 독방에서 27세의 젊은 조선 청년이 사망한 채로 발견돼. 그가 바로 시인 '윤동주'야. 한국인이 가장 사랑하는 시인이지.

교토 도시샤 대학의 학생이던 윤동주는 독립운동을 하다 체포되어 2년 형을 받고 수감 중이었어. 그가 죽게 된 원인은 놀랍게도 '생체 실험'이라고 해. 같이 수감되어 있던 동료들의 증언에 따르면 윤동주는 성분을 알 수 없는 주사를 매일 맞았다고 하는데, 일본의 문학 평론가 '고노에 에이치'도 윤동주가 생체 실험으로 희생되었다고 주장했어.

그뿐 아니라 그 형무소 죄수들의 사망률이 유독 높은 점도 이 주장을 뒷받침한단다.

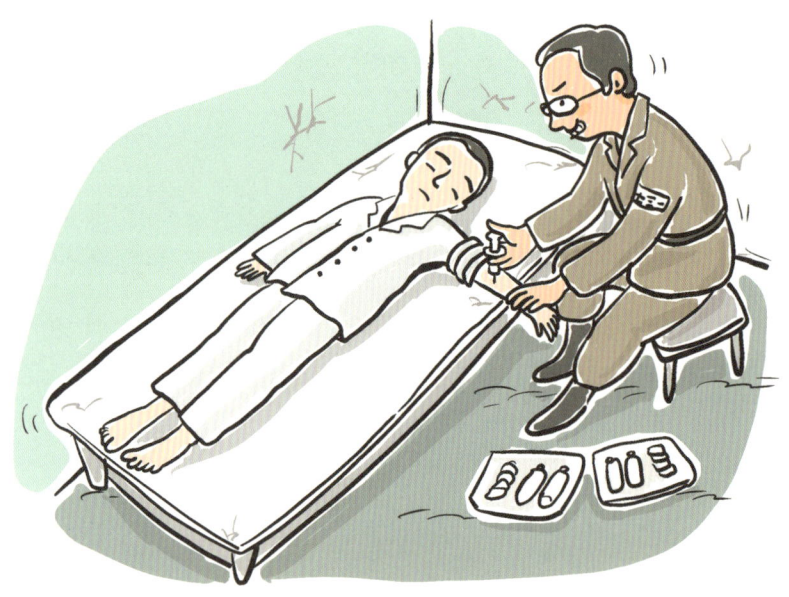

 할머니가 제일 좋아하는 시인이 윤동주란다.

 저도 윤동주 시인 알아요. 부모님과 윤동주 기념관에 가 본 적 있어요.

 와. 제법인데.

 윤동주가 오래 살았다면 얼마나 더 많은 훌륭한 시들을 사람들에게 선물했을까? 이 위대한 시인을 죽게 한 일제는 인류 전체에 큰 죄를 지었다고 할 수 있지.

서시 / 윤동주

죽는 날까지 하늘을 우러러 / 한 점 부끄럼이 없기를,

잎새에 이는 바람에도 / 나는 괴로워했다.

별을 노래하는 마음으로 / 모든 죽어 가는 것을 사랑해야지

그리고 나한테 주어진 길을 / 걸어가야겠다.

오늘 밤에도 별이 바람에 스치운다.

## 90. 첼퐁 섬에서 조선인을 학살한 죄

국가총동원령에 의해 강제 징용된 조선인 노동자 수백만 명의 비극을 더 알아보자꾸나.

1945년 3월 남태평양 마셜 제도의 첼퐁 섬에서 있었던 사건인데, 비인간적인 노동 환경과 학대를 못 이긴 조선인이 반란을 일으켜. 일본군은 토벌대를 앞세워 조선인 170여 명을 학살했어. 61년이 지난 2006년이 되어서야 강제동원피해진상규명위원회가 일본 정부 문서를 통해 이 사실을 확인했다고 해.

> **박 작가 한마디**
>
> 첼퐁 섬에서 기적적으로 살아온 조선인 징용자는 이렇게 말했다.
> "인간이 어디까지 인간성을 잃을 수 있는지 보지 않은 사람은 그 끝을 짐작조차 할 수 없다."

## 91. 파푸아뉴기니에서 징용당한 조선인을 죽게 한 죄

2014년 6월 13일 파푸아뉴기니에서는 '태평양 전쟁 한국인 희생자 추모식'이 열렸어.

이 자리에는 백발의 노인이 된 한국인 21명이 참석했는데 이들은 모두 파푸아뉴기니로 징용되었다가 돌아오지 못하고 희생된 강제 징용자들의 아들, 딸들이었지. 어린 나이에 아버지와 생이별을 했던 이들은, 이날 아버지의 영정 앞에서 '아버지'를 부르며 눈물을 흘렸단다.

태평양 전쟁 말기 미군과 일본군이 치열하게 격돌했던 파푸아뉴기니에는 강제 동원된 조선인이 약 4,400명 정도나 있었다고 해. 비행장과 군사 기지 건설에 동원된 노동자와 군인을 합한 수인데 이중 4,000여 명이 사망했어. 이들은 미군의 공격으로 사망하기도 했고, 영양실조와 일본군의 학대 등으로 사망하기도 했어.

> **박 작가 한마디**
>
> 강제동원피해진상규명위원회는 2008년 강제 징용된 한국인이 많이 사망한 지역을 선정하여 추도비를 세우기로 했다. 한국인 희생자가 많은 곳에 추모 조형물을 세웠는데, 그중에는 한국인이 자주 해외 여행을 가는 사이판, 필리핀, 팔라우, 오키나와, 하이난 등이 포함되어 있다. 이곳으로 여행을 간다면 추도비를 찾아 꽃 한 송이라도 바치면 좋겠다.

## 92. 하이난 섬에서 조선인을 학대하고 사망하게 한 죄

지금은 중국의 하와이라고 소문나 한국인도 많이 찾는 중국의 하이난 섬을 알고 있니? 이곳 역시 강제 징용된 수많은 조선인들이 목숨을 잃은 곳이란다. 일제는 이곳에 조선인과 중국인을 강제 동원해서 철광석을 캐도록 했어. 그들이 일하는 환경은 무척 처참했다고 해.

하이난에는 '천인갱'이라는 조선인 강제 징용자 집단 매장지가 있어. 천 명의 사람이 한데 묻혔다 해서 붙여진 이름이야. 이곳에서 어마어마한 숫자의 유골이 발견되었는데 거의 대부분 조선인의 것으로 알려졌지. 하이난 섬으로 징용된 사람들 중 1,300여 명이 돌아오지 못했는데 거의 대부분 이곳에 묻혔을 것으로 생각되는구나.

## 93. 조선인 원자 폭탄 피해자들을 무시한 죄

1945년 8월 6일 히로시마, 8월 9일 나가사키에 미국의 원자 폭탄이 떨어졌어. 20여만 명이 원자 폭탄에 의해 사망했는데 방사능에 노출된 사람은 무려 70여만 명에 이른다고 하지. 그런데 이때 조선인의 피해도 컸어. 히로시마에서 약 7만 명, 나가사키에서 약 3만 명의 조선인이 원자 폭탄에 피해를 입었는데, 이중 절반인 5만 명은 사망하고 나머지 5만 명만이 귀국했어.

방사능에 노출된 사람은 지독한 화상은 물론 백혈병, 암 등 여러 가지 병에

걸릴 확률이 높아 치료가 반드시 필요했지.

일본은 전쟁이 끝난 후 원폭 피해자들에게 병원 치료와 보상을 해 주었는데 고국으로 돌아간 조선인에 대한 치료는 모른 척했어.

조선인 피해자들은 1967년 한국원폭피해자협회를 만들어 지속적으로 보상과 치료를 요구했는데 1980년대에 들어서야 일본의 병원에서 우리나라 피해자들이 치료를 받게 되었어. 보상은 2000년대에나 해 주었는데 그때는 이미 많은 수의 피해자들이 세상을 떠난 후였지.

일본은 원자 폭탄 피해를 명분으로 자신들이 전쟁의 피해자임을 국제 사회에 호소하고 있어. 물론 그 사건으로 민간인이 희생된 것은 가슴 아픈 일이지만, 자신들의 과오를 덮는 수단으로 사용하면 안 된다고 생각해.

## 94. 한반도 분단의 원인을 제공한 죄

미국은 일본이 망하기 직전 이미 한반도의 남과 북을 분리하려고 소련과 계획을 세워 놓았다고 해. 미군 대령 두 사람이 30분 만에 한반도 지도를 갈라 놓았고, 이 갈라놓은 위도 38도 선에 소련이 동의했어. 당시 최강 대국인 미국은 우리를 전쟁의 승리로 얻은 물건으로 여겼던 것 같고, 역시 최강 대국인 소련 역시 인접한  한반도가 미국의 영향권 아래 들어가는 걸 원치 않았어. 그래서 절반이라도 자신의 영향력 아래 두고자 미국의 제안에 응했던 것 같구나.

분명한 사실은 우리나라의 분단이 일본의 식민 지배로부터 시작되었다는 거지. 그 후 한국전쟁이 일어났고, 한반도는 여전히 분단되어 있단다.

> **박 작가 한마디**
>
> 식민 지배를 당했던 나라들이 분단되는 경우는 드물지 않다. 인도는 파키스탄과 분리되었고 베트남은 남북으로 분단되었다. 식민 지배가 없었다면 없었을 분단의 책임, 누구에게 있을까?

## 95. 해방 후 일본에 남은 조선인을 차별한 죄

해방이 되자 약 150여 만 명의 조선인이 고국으로 돌아갔지만 어쩔 수 없이 일본에 남은 조선인도 약 50만 명이나 되었다는구나. 일본 정부가 조선인이 귀국할 때 가져갈 수 있는 재산과 짐을 제한했기 때문에 떠날 수 없었던 사람들도 꽤 있었다고 해. 돌아가서 살아갈 방법도 마땅치 않았을 거고.

그런데 해방 후에도 일본 사람들의 조선인 차별은 계속됐어. 우선 선거권을 박탈했는데 세금은 거두어 가면서 권리는 빼앗아 간 거지. 그뿐 아니야. 조선인이 조선어 교육을 하겠다며 전국에 '조선학교'라는 이름으로 학교를 세웠는데 일본 정부는 이 학교들을 폐쇄시켰어. 그러자 조선인이 항의 시위를 했는데 발포까지 하는 바람에 조선인 소년이 총에 맞아 사망하는 사건도 발생해.

경찰들이 조선학교에 난입하여 어린 학생들에게 경찰봉을 휘두르며 학생들을 창문 밖으로 던지는 일도 있었는데 그럼에도 하루도 거르지 않고 수업을 한 조선학교도 있었다는구나. 그 후로도 각종 사회보장제도에서의 차별은 물론이고 취업을 하거나 집을 임대할 때도 조선인에 대한 차별은 계속되었어.

## 96. 야스쿠니 신사에 전범을 합사하고 참배한 죄

전범이란 전쟁 범죄자를 줄인 말인데 전쟁을 일으키거나 전쟁 중 민간인에게 범죄를 저지른 사람 등을 뜻해. 그런데 1978년 일본은 전범, 그것도 A급으로 분류된 자들의 위패를 자신들의 국립묘지라 할 수 있는 야스쿠니 신사에 안치했단다. 게다가 일본 정치인들은 매번 야스쿠니 신사에 들러 참배까지 하고 있어.

처음에는 일본 정치인들이 주변국의 눈치를 보면서 참배를 자제하는 것처럼 보였지만 고이즈미, 아베 수상은 정치적으로 필요할 때마다 수시로 신사에 참배하곤 했어.

이로 인해 우리나라를 비롯하여 전쟁 피해국들의 원성을 샀단다. 일본이 자신들의 잘못을 인정하고 피해를 입은 주변국 국민들에게 사과하고 싶다면 더 이상 전범에 대한 추모나 참배는 그만둬야 할 거야.

이것도 텔레비전에서 본 적 있어요.

저도요. 그 커다란 절 같은 곳 맞죠?

맞아. 야스쿠니 신사는 일본의 많은 신사중 가장 커다란 곳이라고 해. 원래는 메이지 유신의 희생자를 기리는 곳으로 시작했는데 지금은 전쟁의 주범 '도조 히데끼' 같은 사람도 신격화하여 숭배하고 있어. 게다가 그곳에는 침략 전쟁에 동원되었다가 전쟁터에서 사망한 조선인 2만 명도 강제로 합사되어 있지.

합사가 뭐예요?

합사는 둘 이상의 혼령을 한곳에 모아 제사를 지낸다는 뜻이야. 유족들의 동의도 없이 그곳에 모셔 놓았지. 유족들은 합사를 철회해 달라고 소송을 제기했지만 받아들여지지 않았어.

## 97. 소녀상 건립을 방해한 죄

2011년 12월, 서울 종로구 주한 일본 대사관 건너편에 평화의 소녀상이 들어섰어. 이 조각상은 치마저고리를 입고 단발머리를 한 소녀의 모습인데 바닥에 있는 그림자는 할머니의 모습이야. 소녀상 옆에는 빈 의자가 놓여 있는데 세상을 떠났거나 세상에 드러나지 않은 피해자를 위한 자리라고 해. 이 소녀상은 현재 국내에 146개(2022년 11월 기준), 해외에 33개(2023년 6월 기준)가 세워져 있지. 전쟁 범죄를 잊지 않으려 하는 세계인들에게 큰 울림이 되고 있단다.

그런데 일본은 이 소녀상이 전 세계에 세워지는 것을 집요하게 방해하고 있어. 이런 일본 정부의 태도를 보면 아직도 과거를 반성하지 않고 있으며, 사과를 하려는 사람의 태도가 아니라는 생각이 드는구나.

박 작가 한마디

2022년, 독일 베를린 소녀상 앞에서 정말 부끄러운 일이 발생했다. 한국의 한 단체가 찾아가 철거를 요구하는 시위를 벌인 것이다. 그들은 위안부가 있었다는 역사적 사실을 인정하지 않는 사람들이었는데, 현장에서 독일 사람들에게 역사를 올바로 공부하라는 충고를 듣기도 했다.

## 98. 교과서를 왜곡하여 어린이들에게 잘못된 역사를 가르친 죄

일본의 역사 교과서 상당수는 일본을 전쟁의 피해자로 묘사해. 가해자로서 행하였던 수많은 범죄들을 축소하거나 왜곡하고 심지어는 아예 묘사하지 않은 것들도 많아. 그러다 보니 일본의 어린이, 청소년들은 일본이 한국에 저지른 일에 대해서 잘 알지 못한단다.

일본 교과서는 독도를 일본의 고유 영토로 써 놓았고, 일본군 '위안부', 강제 연행 등의 용어를 모두 빼 버렸어. 거기다가 침략 전쟁을 일으킨 것을 인정하지 않고, 아시아 각국을 서양 세력으로부터 해방시켰다고 주장하고 있어. 그에 반해 원자 폭

탄 피해는 강조하여 마치 일본이 전쟁의 피해자인 것처럼 써 놓았지.

　일본은 1980년대부터 우리나라를 포함한 주변국으로부터 교과서 수정 요구를 수없이 받아 왔지만 별로 나아진 것은 없단다.

 정말 일본 어린이들은 이렇게 왜곡된 교과서로 공부하고 있어요?
 일제가 저지른 수많은 만행을 알지 못한다고요?
 그렇지. 그들이 배우는 교과서에는 자세히 나오지 않으니까.
 선생님들이나 학자들은 알 거 아니에요!
 글쎄다. 젊은 선생님들도 배우지 않긴 마찬가지니까. 일본 정부에서 굳이 가르치려 하지 않으니까 어린 학생들은 알 길이 없는 거란다.
 나중에 일본 어린이들을 만나면 꼭 가르쳐 주고 싶어요.
 그래. 열심히 공부해서 꼭 그러렴. 역사적 공감 없이 화해는 불가능하지. 일본의 어른들도 왜곡된 역사를 가르치는 일이 얼마나 큰 잘못인지 반드시 알아야 할 게다.

## 99. 한국인을 혐오하는 시위를 방치한 죄

"한국인은 바퀴벌레다!", "조선놈은 조선으로 돌아가라!" 언뜻 들으면 관동대지진 때 나왔을 법한 구호지만 놀랍게도 최근까지 도쿄에서 이렇게 외치는 시위대가 있었어.

한국을 혐오하는 수백 명의 혐한 시위대가 도쿄 중심가를 활보하는 모습에 일본에 사는 한국인들은 공포를 느꼈다고 해. 2016년에 '혐한시위억제법'이 제정되어 혐한 시위 단체들에게는 집회 허가를 내주지 않고 있어. 하지만 실질적인 처벌 규정이 없어 혐한 시위는 사라지지 않고 있단다.

가해자가 피해자를 혐오한다니.

 말도 안 돼요. 다른 나라에서는 어떤가요?

 대부분의 선진국에서는 혐오는 불법이란다. 피부색, 성, 종교, 민족을 이유로 차별하고 혐오하는 일은 용납되지 않지. 독일은 혐오뿐 아니라 역사를 왜곡하는 일까지 엄하게 처벌하며 일본과 큰 대비를 보여 주고 있어.

## 100. 진실한 반성과 사과를 하지 않은 죄

일본인은 과거사 사과 문제가 나오면 이렇게 말한다고 해. "도대체 몇 번을 사과하라는 거야?"

실제로 일본의 총리들은 여러 차례 사과를 했어. '무라야마', '오부치', '고이즈미' 수상 등. 그 밖에 장관급들의 사과도 여러 차례 있었고. 그런데 한국인들은 일본이 우리에게 진심으로 사과했다고 생각하지 않아. 왜 그럴까? 아마 일본이 사과를 한 뒤 신사 참배를 강행하거나 역사 왜곡 발언을 하는 일이 여러 차례 있었기 때문일 거야.

그리고 앞에서도 이야기했지만 일본 교과서에서 일본 침략 전쟁에 대해 제대로 다루지 않고 있어. 독일이 과거 유대인 학살과 관련하여 철저하게 후대를 가르치는 모습과 비교가 될 수밖에 없어. 일본이 진정 과거를 사과하고 반성한다면 말에 앞서 왜곡된 역사를 바로잡고 강제 징용자와 일본군 '위안부'에 대한 피해 보상과 사과에 앞장서야 할 거라 생각한단다. 그리고 자라나는 세대에게 과거 자신들이 저지른 가해의 역사를 거짓 없이 교육시켜야 함은 물론이고 말이다.

 드디어 백 가지의 죄를 모두 알아보았네. 너희들 소감 한번 들어 보자꾸나.

 할머니의 이야기를 들어 보니 일본이 지금껏 했다고 한 사과가 과연 진짜였는지 의심이 가요.

 일본 사람들이 이런 역사적 사실들을 모르고 있다는 게 안타까워요.

 나도 소감을 말해 보면, 너희들과 이야기하면서 새롭게 알아 간 것도 있어서 내게도 좋은 시간이었단다.

 할머니, 질문이 있어요. 한국인들 중에도 식민 지배가 축복이라고 하는 사람들이 있다고 하셨잖아요?

 할머니는 그것에 대해 어떻게 생각하세요?

 식민지 근대화론이라는 것에 대한 생각을 묻는 거구나. 음…… 일제가 조선을 통치하는 동안 근대화된 부분도 있는 건 사실이지. 하지만 나는 식민지 근대화란 말은 부끄러운 과거의 변명에 불과하다고 생각해. 일본이 아니었어도 우린 근대화를 이루어 낼 수 있었을 거야. 어찌 됐든 35년이란 긴 시간이 있었으니 말이지. 그들이 기찻길을 놓고 대학을 설립한 건 철저히 자신들의 이익을 위해서였지, 결코 우릴 위한 건 아니었어. 되레 분단이라는 최악의 상황을 가져와 여지껏 우리를 고통받게 하고 있지 않니? 식민지 근대화론을 말하는 사람들은 먼저 일제가 우리에게 저질렀던 죄악들과 그로 인해 고통받은 사람들을 생각해야 할 거야. 지금 식민지 근대화론을 앞세우는 사람들은 그것으로 과거를 감추는 데 이용하고 있어. 마치 반성과 사과를 하지 않으려고 핑계를 대는 사람들처럼 말이야.

반성과 사과 없이 식민지 근대화론은 의미가 없단 뜻인가요?

그래. 과거를 왜곡하고 자신들의 잘못을 감추기 위해서라면 아무 의미가 없지. 그런 이론 따위를 개발하기보단 밝혀지지 않은 진실에 관심을 가지면 좋을 텐데. 어떤 사건은 대체 얼마나 많은 사람들이 피해를 입었는지 아직도 진상 파악조차 안 되었거든.

일본과 우리가 함께 조사해 나간다면 더 좋을 것 같아요.

중국을 비롯하여 피해를 입은 모든 나라가 함께 한다면 더 좋겠지?

그렇게 된다면 진실에 더 쉽게 다가갈 수 있을 게다.

전 앞으로 일제의 식민 지배를 정당화하려고 역사를 왜곡하는 사람들과 맞서 이길 수 있는 힘을 기를 거예요.

전 언젠가 만날 일본과 세계의 어린이들에게 역사적 사실을 알려 줄 수 있는 지식을 쌓아야겠어요.

너희들 이야기를 들으니 이 할머니는 무척 뿌듯하구나. 너희들의 어깨에 우리의 역사와 자존심은 물론이고. 우리의 미래가 달려 있다고 생각하니 든든하다. 고맙다. 얘들아!

**박 작가 한마디**

　일본이 진정한 반성과 사과를 하지 못하는 가장 큰 이유는 전쟁이 끝나고 침략 전쟁의 책임자들을 벌하지 못했기 때문이다. 청산되지 않은 그들은 일본 각계의 지도자가 되었고, 그들의 후손 역시 일본의 정치와 경제, 사회를 주도하고 있다. 전쟁을 일으킨 자들의 후손은 자신들의 권력 유지를 위해 부모 세대의 잘못을 인정하지 않고 오히려 미화하고 감추고 있는 것이다.

독립지사 박원혁(1893년~1943년)

- 기독교 목사, 함흥 영생여고 교사.
- 함경도에서 삼일 운동을 주도했으며 도산 안창호가 이끈 대한민국 임시 정부의 국내 비밀 행정조직인 연통제의 함경남도 서기로서 독립운동의 실태 등을 임시 정부에 보고하는 활동을 했다.
- 1919년 12월 일본 경찰에게 체포되어 2년 형을 언도받았으나 실제로는 서대문형무소에서 3년 반 동안 옥살이를 했다. 이후 캐나다 선교사의 도움으로 일본 청산학원 신학부를 졸업하고 기독교 목사가 되어 영생여고에서 교목으로 근무하였으나 수감 중 얻은 병으로 투병하다 해방을 앞둔 1943년 함흥에서 생을 마감했다. 이에 1990년 국민훈장 애족장이 추서되었다.

"조선인의 역사와 문화를 무시하고 억지로 동화만 강요하니 어찌 독립을 열망하지 않을 수가 있겠는가?"

(1920년 8월 20일 함흥지방법원 재판정에서. <동아일보>)

## 참고 문헌

국가보훈처 공훈록

조선왕조실록

한국독립운동 인명사전

한국민족문화대백과사전

「세인을 경해케한 연통제 공판」, 『동아일보』, 1920년 8월 22일자

『개념 잡는 초등한국사 사전』, 박종권 외, 주니어김영사, 2008

『교과서 밖으로 나온 한국사』 1-3권, 박광일·최태성, 씨앤아이북스, 2016

『궁궐 1』, 송용진, 지식프레임, 2021

『궁궐 2』, 송용진, 지식프레임, 2021

『근대를 말하다』, 이덕일, 역사의아침, 2012

『근현대사신문: 근대편』, 강응천 외, 사계절, 2010

『내가 쓰는 한국 근현대사』, 한상철·이영복, 우리교육, 2011

『대한제국 실록』, 황인희, 유아이북스, 2018

『마주 보는 한일사 3』, 한국전국역사교사모임·일본역사교육자협의회, 사계절, 2014

『민란의 시대』, 이이화, 한겨레출판, 2017

『박시백의 조선왕조실록』 1-20권, 박시백, 휴머니스트, 2010

『뿌리 깊은 한국사 샘이 깊은 이야기』 1-7권, 김태웅, 가람기획, 2016

『상위 5%로 가는 역사탐구교실』 1-10권, 사회탐구총서 편찬위원회, 스콜라, 2011

『식민사학의 카르텔』, 김현구, 이상, 2017

『역사가에게 묻다』, 김효순, 서해문집, 2011

『역사와 책임』, 나카노 도시오 외(이애숙 외), 선인, 2008

『일본, 한국 병합을 말하다』, 미야지마 히로시 외(최덕수), 열린책들, 2011

『일본의 식민지 조선통치 해부』, 야마베 겐타로(최혜주), 어문학사), 2011

『일제침략기 의병장 73인의 기록』 1-5권, 이태룡, 곽문각, 2022

『조선총독정치 연구』, 전상숙, 지식산업사, 2012

『친일파 열전』, 박시백·민족문제연구소, 비아북, 2021

『큰별샘 최태성의 한국사』, (최태성,들녘), 2011

『판결문에 담긴 대한민국 임시정부의 국내 활동』, 김희곤, 행정안전부 국가기록원, 2018

『하루 30분 근대 속의 대한제국을 읽다』, 이수광, 북오션, 2018

『한국 근대사 산책』 1-10권, 강준만 글, 인물과사상사, 2008

『한국 근대사』, 김이경, 초록비책공방, 2023

『한국 근대사를 꿰뚫는 질문 29』, 김태웅·김대호, 아르테, 2019

『한국 독립전쟁사의 재조명』, 이덕일, 만권당, 2019

『한국과 일본, 그 사이의 역사』, 한일공통역사교재 제작팀, 휴머니스트, 2012

『한국근대와 식민지 근대화 논쟁』, 정연태, 푸른역사, 2011

『한국사 편지』 1-5권, 박은봉, 책과함께어린이, 2009

『한국철도 80년약사』, 철도청, 1979

『한국통사』, 박은식, 지식을 만드는 지식, 2010

『한국현대사 100년 100개의 기억』, 모지현, 더좋은책, 2019